**Klassische Schullektüre**
Herausgeber: Ekkehart Mittelberg



**Heinrich von Kleist**

# Die Marquise von O ... und andere Prosa

Texte und Materialien
bearbeitet von Erdmute J. Pickerodt-Uthleb
und Gerhart Pickerodt

Cornelsen

Bildquellen:
S. 4: bpk/Dieter Katz; S. 66: bpk/Scala

Redaktion: Doreen Westphal
Umschlaggestaltung: Matthias Mantey
Umschlagillustration: Klaus Ensikat
Technische Umsetzung: Enev Design & Consulting, Berlin

Die Texte von Heinrich von Kleist sind nicht rechtschreibreformiert.

**www.cornelsen.de**

1. Auflage, 1. Druck 2009



Druck: CS-Druck CornelsenStürtz, Berlin

ISBN 978-3-464-60496-0

Inhalt gedruckt auf säurefreiem Papier aus nachhaltiger Forstwirtschaft.

# INHALT



Alle mit * gekennzeichneten Titel stammen von den Bearbeitern.

Kleist als französischer Kriegsgefangener (1807 von einem Mitgefangenen gemalt)

## BIOGRAFIE DES AUTORS

Kleists Leben ist in einem nur relativ geringen Umfang überliefert. Es fehlen zeitgenössische zusammenhängende Darstellungen, sei es aus Kleists eigener Feder, sei es aus der Sicht von Zeitgenossen. Insbesondere vermisst die Kleist-Forschung Tagebücher oder andere autobiografische Berichte. Diese vergleichsweise spärliche Überlieferung von Lebensdokumenten hat immer wieder und nachhaltig zu Fehldeutungen und Mythenbildungen beigetragen.

Wichtige Quellen für die Erforschung von Kleists Leben sind immer seine Briefe gewesen, ist er doch zeit seines kurzen Lebens (der erste überlieferte Brief stammt aus dem Jahr 1793) ein eminent leidenschaftlicher Briefeschreiber gewesen. Dabei gilt es jedoch zu berücksichtigen, dass Kleist dazu neigte, sich selbst und sein Leben wie ein Drama zu inszenieren. Jedem Brief liegt ein bestimmter Rollenentwurf zu Grunde, der dem Adressaten suggestiv nahegebracht werden sollte. Jenseits der einfachen Daten aus Urkunden und anderen amtlichen Zeugnissen gibt es als Quelle nur eine subjektive Wahrheit des geschichtlichen Subjekts, Kleists; und in dieser subjektiven Wahrheit konvergieren literarische Selbstinszenierung und autobiografische Faktizität. Die folgende Übersicht schließt daher die Selbstdeutung Kleists nicht aus.

1777 Geboren wird Bernd Heinrich Wilhelm v. Kleist am 18.10. in Frankfurt/Oder als ältester Sohn von Joachim Friedrich v. Kleist (1728–1788), einem Offizier ohne größeres Vermögen, und seiner zweiten Frau Ulrike, geborene v. Pannwitz (1746–1793). Kleists Geschwister sind Friederike (1775–1811), Auguste (1776–1818), Leopold (1780–1837) und Juliane (1781–1856). Der ersten Ehe des Vaters entstammen Kleists Halbschwestern Wilhelmine (1772–1817) und Ulrike (1774–1849), die dem Bruder besonders eng verbunden war.

1781/1782 Den ersten Unterricht erhält Kleist durch einen Hauslehrer, den Theologiestudenten und späteren Schulrektor Christian Ernst Martini.

1788 Kleists Erziehung wird fortgesetzt an Berliner Privatgymnasien, unter anderem am Collège François, dem Gymnasium der französisch-reformierten Gemeinde. Am 18.6. stirbt Kleists Vater. Die Bitte der Mutter an den König um eine Pension bleibt erfolglos.

1792 Noch als Vierzehnjähriger tritt Kleist am 1.6. in das Garderegiment Potsdam ein. Sein Regiment bricht Ende des Jahres zum Rheinfeldzug auf, während Kleist noch einen Heimaturlaub in Frankfurt verbringt.

1793 Im Februar stirbt Kleists Mutter an „Entzündungsfieber". Gleichfalls im Frühjahr reist Kleist seinem Regiment nach und nimmt an der von Goethe beschriebenen Liquidierung der Mainzer Republik (*Die Belagerung von Mainz*) teil, die im Juli vollendet wird.

1794 Auch in diesem Jahr operiert Kleists Regiment in Gefechten in Süddeutschland gegen französische Revolutionsarmeen, während er selbst bereits jetzt ein distanziertes Verhältnis zum Militärwesen entwickelt.

1795 Am 25.2. schreibt Kleist an seine Schwester Ulrike: „Gebe uns der Himmel nur Frieden, um die Zeit, die wir hier so unmoralisch töten, mit menschenfreundlicheren Taten bezahlen zu können.“[1] Gleichwohl wird Kleist im selben Jahr zum Fähnrich ernannt. Am 5.4. wird der Baseler Frieden zwischen Frankreich und Preußen geschlossen.

1796 Im März erhält Kleist den Rang eines Sekondeleutnants.

1797 Kleist schreibt seinen ersten größeren Aufsatz, gerichtet an seinen Freund Rühle von Lilienstern: *Aufsatz, den sichern Weg des Glücks zu finden und ungestört – auch unter den größten Drangsalen des Lebens – ihn zu genießen!* Kleist propagiert hier einen mittleren Weg des Maßes und der zurückgenommenen Ansprüche, glaubt das Glück nicht an äußere Umstände gebunden, sondern, hier noch ganz im Einklang mit der Aufklärung, an die Tugend.

1799 In einem Brief an seinen ehemaligen Lehrer Christian Ernst Martini vom 19.3. beklagt Kleist die unterdrückende preußische Disziplin und das Sklaventum der Soldaten und kündigt seinen Abschied vom Militär an. Am 4.4. wird Kleist aus der Armee entlassen und kehrt nach Frankfurt/Oder zurück, um dort ein mathematisch-naturwissenschaftliches Studium zu beginnen. Im Haus der Eltern mit den Geschwistern wohnend, lernt er Wilhelmine von Zenge, die Tochter eines Regimentskommandanten, kennen und verlobt sich im Frühjahr 1800 mit ihr.

1800 Die Verbindung mit Wilhelmine erweist sich von Beginn an als schwierig und problembeladen. Wichmann spricht von „brutaler Perfektion“ Kleists in seinen „pädagogischen Bemühungen“ um Wilhelmine und bezeichnet die junge Frau als Kleists „verbal misshandelte Geliebte“[2]. Derartige Formulierungen sind gewiss überzogen und beurteilen die Verhältnisse undifferenziert aus einer heutigen Perspektive. Gleichwohl ist richtig, dass es Kleist der Verlobten gegenüber an Toleranz und Behutsamkeit fehlen ließ.

Die erste Lebenswende – Abschied vom Militär und Hinwendung zur bürgerlich-zivilen Sphäre von wissenschaftlicher Ausbildung, Berufswahl und Familiengründung – stößt auf Probleme und Widersprüche. Kleist will nicht die militärische Hierarchie durch die zivile einer Beamtenlaufbahn ersetzen und er scheut offenbar die eheliche Bindung an Wilhelmine.

Über Dresden reist Kleist Anfang September nach Würzburg. Diese geheimnisumwitterte Reise ist, was ihr Motiv betrifft, noch heute in der Forschung umstritten: Die einen sehen Industriespionage für Preußen als Grund an, andere glauben, dass Kleist sich einer Phimose-Operation unterzog, wieder andere vermuten, Kleist habe Kontakte mit Freimaurern knüpfen wollen, um von dieser Seite finanzielle Unterstützung für seine wissenschaftliche Ausbildung zu erhalten.[3] – Ende Oktober fährt Kleist eilig nach Berlin, wo er sich

1 Brief vom 25.2.1795, Sembdner, S.471

2 Wichmann, S.19

3 Grathoff 1993

erfolgreich um eine Hospitanz in der Technischen Deputation Preußens bewirbt, einer Art Regierungskommission, die alle technischen Probleme des Landes zu bearbeiten und Lösungsvorschläge anzubieten hat.

1801 Das Frühjahr verbringt Kleist in Berlin, bricht aber am 15.4. mit seiner Schwester Ulrike zu ausgedehnten Reisen auf, zunächst nach Dresden (20.4. bis 18.5.), eine Stadt, die Kleist ihrer reichen Kunstschätze sowie ihrer landschaftlichen Schönheit wegen schätzt und liebt. Auch die vielfältigen sozialen Kontakte, die er in Dresden knüpft, sind für Kleist wichtig und bedeutungsvoll.
Am 18.5. brechen die Geschwister nach Paris auf, wo sie am 3. oder 6.7. eintreffen. Angeblich möchte Kleist hier naturwissenschaftliche Studien betreiben und berühmte Wissenschaftler kennen lernen, doch zweifelt er bereits vor Antritt der Reise („Kant-Krise") daran, dass es eine intersubjektiv verbindliche, den Gegenständen entsprechende Erkenntnis gebe. Diese Skepsis, die sich bis zum „Ekel" vor wissenschaftlicher Betätigung steigert, gelangt in regelmäßigen Abständen in Briefen zum Ausdruck. Paris als Stadt erscheint Kleist schmutzig (im wörtlichen und im moralischen Sinn) und ekelhaft. Insbesondere in sprachlichen Bildentwürfen der Flüsse vergleicht er die Seine mit dem Rhein und der Elbe und gelangt zu vernichtenden Urteilen über Fluss und Stadt von Paris.[1] – Die Reise dient dem Versuch einer Selbstfindung. Durch beinahe sämtliche Dokumente zieht sich die Frage: Wer bin ich? Was will ich tun? Wie will ich meinen Lebensunterhalt verdienen? Abgelehnt wird eine Beamtenlaufbahn im Staatsdienst, ebenfalls verworfen eine wissenschaftliche Karriere und auch die Betätigung als freier Schriftsteller in Form des Schreibens für Geld wird ausgeschlossen. Was bleibt dem 24-Jährigen also übrig? Ende Oktober entwirft Kleist in einem Brief an die Verlobte das „stille Landleben" als idyllisches Ideal für die künftige gemeinsame Existenz. Kleist will Bauer werden in der Schweiz, Wilhelmine jedoch reagiert ablehnend. Im Dezember begibt sich Kleist über Frankfurt am Main (29.11.) in die Schweiz und gelangt zum Jahresende nach Bern.

1802 Kleist plant ein Landgut am Thuner See zu kaufen und bezieht dort zunächst ein gemietetes Haus. Am 20.5. schreibt er den Abschiedsbrief an Wilhelmine: „Liebes Mädchen, schreibe mir nicht mehr. Ich habe keinen andern Wunsch als bald zu sterben."[2]
1802, möglicherweise bereits in Paris 1801, arbeitet Kleist an seinem ersten Drama, *Die Familie Schroffenstein*, das im Dezember anonym in Bern und Zürich erscheint. Den November/Dezember verbringt Kleist, nachdem er den Plan, auf dem Land zu leben, vermutlich unter dem Einfluss der Schwester Ulrike aufgegeben hat, in Jena und Weimar.

1 Vgl. Gerhart Pickerodt: Zwischen Erfahrung und Konstruktion. Kleists Bildentwürfe in den Pariser Briefen des Jahres 1801. In: Jahrbuch der deutschen Schiller-Gesellschaft XXXVIII, 1994, S. 89–115

2 Brief vom 20.5.1802, Sembdner, S. 726

1803 Während der Monate Januar und Februar lebt Kleist auf dem Landgut Christoph Martin Wielands, des berühmten Autors und Vaters seines Freundes Ludwig Wieland, in Oßmannstedt in der Nähe Weimars. Dort arbeitet er am Entwurf eines neuen Dramas, *Robert Guiscard.* Die Monate April bis Juli verbringt Kleist in Dresden, wo er den Freund Ernst von Pfuel wiedertrifft, andere Bekanntschaften erneuert und neue schließt, u. a. mit dem Schriftsteller Friedrich de la Motte Fouqué.

Am 20.7. brechen Kleist und Pfuel zu einer großen, abenteuerlichen Reise auf, zunächst in die Schweiz nach Bern und Thun, sodann mit dem Ehepaar von Werdeck durch die Alpen und nach Oberitalien bis Mailand. Kleist und Pfuel reisen über Thun, Bern, das Waadtland und Lyon nach Paris. Zwischenzeitlich arbeitet Kleist am *Robert Guiscard,* den er indessen am 19.10. samt allen anderen Papieren in Genf verbrennt. Zuvor (am 5.10.) hatte er an Ulrike geschrieben: „Die Hölle gab mir meine halben Talente, der Himmel schenkt dem Menschen ein ganzes oder gar keins.“[1]

Kleists Schaffenskrise ist zugleich eine Lebenskrise wie manche zuvor und danach bis zur finalen im Jahre 1811. Er will nun in französische Kriegsdienste treten, die von Napoleon geplante England-Invasion mitmachen und dabei einen heroischen und dramatischen Tod erleiden: „Du Erhabene, ich werde den schönen Tod der Schlachten sterben. [...] ich frohlocke bei der Aussicht auf das unendlich-prächtige Grab. O du Geliebte, du wirst mein letzter Gedanke sein!“ (an Ulrike[2]) Auf Betreiben des preußischen Gesandten Lucchesini wird Kleist jedoch nicht in die Armee aufgenommen und erkrankt daraufhin schwer.

1804 Krank gelangt Kleist auf der Rückreise von Frankreich nach Mainz und wird dort von dem Arzt Georg Wedekind betreut und gepflegt.[3] Nach seiner Gesundung bemüht sich Kleist, zunächst ohne Erfolg, um eine Anstellung am preußischen Hof. Im August jedoch gewinnt er die Protektion von Karl Freiherr von Stein zu Altenstein aus dem preußischen Finanzdepartement und nimmt eine Tätigkeit an der Domänenkammer auf, um sich auf eine verantwortliche Stellung in den fränkischen Besitztümern Preußens vorzubereiten.

1805 Im April wird Kleist zwecks weiterer Ausbildung nach Königsberg geschickt. Er soll beim Oberpräsidenten von Ostpreußen arbeiten und bei dem Staatswissenschaftler Christian Jakob Kraus studieren, einem Liberalen aus der Adam-Smith-Schule. Der Aufenthalt in Königsberg wird auch literarisch für Kleist eine höchst produktive Zeit. Er schließt den *Zerbrochnen Krug* ab, schreibt den *Amphitryon*, eine Molière-Bearbeitung mit durchaus eigenem Sinn und tragischem Hintergrund, beginnt mit *Michael Kohlhaas* und der *Penthesilea*, der einzigen Tragödie von seiner Hand. Auch *Das Erdbeben in*

1 Brief vom 5.10.1803, Sembdner, S.736
2 Brief vom 26.10.1803, Sembdner, S.737
3 Vgl. Christa Wolfs Erzählung *Kein Ort. Nirgends.*

*Chili* bringt er zum Abschluss. Königsberg erweist sich also nach der zweiten großen Krise des Jahres 1803 und dem Übergangsjahr 1804 als Zeit der Konsolidierung. Kleist war zum großen Dichter gereift. Die Schwester Ulrike zieht zu ihm und auch die ehemalige Verlobte trifft er wieder als Frau des Philosophieprofessors Traugott Wilhelm Krug.

Die politische Lage spitzt sich allerdings im Herbst beträchtlich zu, insofern Napoleon in Mitteleuropa militärisch die Initiative ergreift. Kleist fragt in einem Brief an Rühle von Lilienstern: „Warum sich nur nicht einer findet, der diesem bösen Geiste der Welt die Kugel durch den Kopf jagt."[1] Bereits im Sommer des Jahres war der Dichter an rheumatischen Beschwerden erkrankt, ein Zustand, der sich im Herbst noch deutlich verschlechtert. Mit Napoleons Sieg bei Austerlitz im Dezember wird auch Kleists Hoffnung auf eine Anstellung in Franken (Ansbach) zunichte.

1806 Im Februar bittet Kleist um eine sechsmonatige Verlängerung seiner Ausbildungszeit in Königsberg, muss jedoch im Juni seiner angegriffenen Gesundheit wegen um Beurlaubung nachsuchen. Im August wird ihm ein halbjähriger Genesungsurlaub gewährt. Allerdings verliert er auch sein Gehalt von 600 Reichstalern jährlich, sodass er aufs Neue in finanzielle Schwierigkeiten gerät. Im Oktober flieht der preußische Hof – nach Napoleons Sieg bei Jena und Auerstedt – nach Ostpreußen, sodass Kleist Bekannte und Freunde in Königsberg wiedertrifft.

1807 Mitte Januar reist Kleist mit Freunden nach Berlin, wird am 30.1. von den Franzosen als Spion verhaftet und nach Marburg transportiert, von dort nach Frankreich, zunächst nach Fort de Joux in der Nähe von Pontarlier, später nach Châlons-sur-Marne. Während der Gefangenschaft arbeitet Kleist sehr intensiv an der *Penthesilea* sowie an der *Marquise von O… Amphitryon* wird zu dieser Zeit durch Vermittlung Rühles publiziert und bringt 120 Reichstaler ein. Mitte Juli wird Kleist mit der Auflage entlassen, sich nach Berlin zu begeben, was er auch tut, um allerdings kurz darauf nach Dresden zu wechseln. Die Freunde Ernst von Pfuel und Rühle von Lilienstern trifft er in Dresden wieder, als neuen Freund gewinnt er den Rhetoriker und Staatstheoretiker Adam Müller. Im September publiziert Cottas „Morgenblatt für gebildete Stände" die Novelle *Jeronimo und Josephe. Eine Scene aus dem Erdbeben zu Chili vom Jahr 1647*, deren späterer Titel *Das Erdbeben in Chili* lautet. Die Freunde Kleist, Pfuel, Müller und Rühle planen eine Buchhandlung mit Verlag zu gründen, was jedoch u.a. aus Kostengründen scheitert. So begnügt man sich mit dem Projekt einer Zeitschrift, die den Titel „Phöbus" tragen wird. Im „Phöbus" veröffentlicht Kleist wichtige Teile seiner Werke, so aus *Penthesilea*, aus *Käthchen von Heilbronn*, Aufsätze und Erzählungen.

1 Brief vom Ende November 1805, Sembdner, S.761

1808 Im Januar erscheint das erste Heft der neuen Zeitschrift; im dritten Heft publiziert Kleist Teile des *Zerbrochnen Krugs*. Der „Phöbus“ ist indessen ein finanzielles Verlustgeschäft und bringt Kleist an den Rand des Bankrotts. Mit dem 12. Heft muss die Zeitschrift ihr Erscheinen einstellen. Im Dezember werden Teile der *Hermannsschlacht* in Dresden vorgelesen, eines Dramas, das nur an der Oberfläche ein antinapoleonisches Tendenzstück ist, während es in seinen tieferen Schichten vom Verhältnis zwischen politischen Zwecken und menschlichen Katastrophen handelt.

1809 ist das Jahr, in dem sich Kleists Verhältnis zur Politik intensiviert. Er schreibt antifranzösische Pamphlete, Katechismen und Gedichte, fordert den preußischen König auf, gemeinsam mit Österreich gegen Napoleon zu ziehen, bricht im April selbst nach Österreich auf, um dort für den Koalitionskrieg zu agitieren. Die *Hermannsschlacht* möchte er in Wien aufführen lassen. Im Mai besichtigt er das Schlachtfeld von Aspern und wird wiederum als Spion verhaftet, dieses Mal als französischer von österreichischen Soldaten, jedoch bald wieder freigelassen. Kleist entwickelt einen neuen Zeitschriftenplan unter dem sprechenden Titel „Germania“. Im Oktober reist er zurück nach Frankfurt/Oder. Dort nimmt er ein Darlehen über 500 Reichstaler als Hypothek auf sein Elternhaus auf, ein Beleg dafür, dass seine wirtschaftliche Situation desaströs geworden ist. Die Zeit von Ende November 1809 bis Januar 1810 verbringt Kleist in Berlin, wo er mit Müller, Eichendorff und Ernst Moritz Arndt Kontakte pflegt.

1810 Im März wird – ein Erfolg immerhin – *Das Käthchen von Heilbronn* in Wien aufgeführt, von der Presse allerdings als unzusammenhängend getadelt. Im Mai beginnt Kleists Freundschaft mit Rahel Levin. In Berliner Gesellschaften trifft Kleist u. a. Adam Müller, Achim von Arnim, Clemens Brentano, Friedrich de la Motte Fouqué. Kleist hofft auf eine Aufführung des *Prinzen von Homburg* an einem Berliner Privattheater, soweit man weiß, vergebens. Ende September erscheint der erste Band von Kleists Erzählungen bei Reimer. Er enthält *Michael Kohlhaas, Die Marquise von O …, Das Erdbeben in Chili*. Im selben Verlag wird auch *Das Käthchen von Heilbronn* publiziert. Am 1. 10. erscheint die erste Nummer der „Berliner Abendblätter“, einer Zeitung, in der Polizeiberichte, in eingeschränktem Umfang politische Meldungen, abhängig von einer rigiden Zensur, Aufsätze, Anekdoten, Erzählungen veröffentlicht werden. Als nach kürzerer Zeit das Interesse an den „Abendblättern“ nachlässt, versucht Kleist bei der preußischen Regierung Subventionszahlungen zu erwirken, jedoch erfolglos.

1811 Am 30. 3. erscheint die letzte Nummer der Zeitung. Auch dieses Unternehmen muss als gescheitert gelten, zumindest in Kleists Gegenwart. Heute hingegen stellt der Nachdruck der Zeitung eine umfangreiche Quellensammlung dar, die Forschung und Leserschaft noch immer in Anspruch nimmt. 1811 erlebt Kleist seine letzte und tödliche Krise. Er hat nicht nur sein eigenes kleines Erbe verbraucht, sondern auch das der Schwester Ulrike. Auch von der Hypothek ist nichts mehr übrig. Im Mai bittet Kleist den Minister Hardenberg um eine Anstellung im Zivildienst bzw. die Zahlung eines Wartegeldes, später bemüht er sich sogar um eine Wiederaufnahme in den einst so verhassten Militärdienst. Im August erscheint der zweite Band der Erzählungen, in ihm *Die Verlobung in St. Domingo, Das Bettelweib von Locarno, Der Findling, Die heilige Cäcilie oder die Gewalt der Musik, Der Zweikampf.* Im September hält sich Kleist bei den Geschwistern in Frankfurt/Oder auf. Er bittet die Familie um Geld, um eine militärische Ausrüstung erwerben zu können, doch sieht er sich abgelehnt und missachtet. In einem Brief an Marie von Kleist, eine fernere Verwandte, beklagt Kleist, er sei von den Geschwistern „als ein ganz nichtsnutziges Glied der menschlichen Gesellschaft, das keiner Teilnahme mehr wert sei, betrachtet“[1] worden. Der Entschluss zum gemeinsamen Selbstmord mit Henriette Vogel, einer krebskranken Vertrauten, hat nicht zuletzt im Zerwürfnis mit der Familie seinen Grund, darüber hinaus jedoch im Verlust aller Hoffnungen auf ein erträgliches Leben. In einem seiner Abschiedsbriefe bezeichnet er sein Leben als „das allerqualvollste, das je ein Mensch geführt hat“[2]. Der 21.11. ist Kleists Todestag. Es gibt keinen Anlass, diesen Selbstmord, der einer andauernden Misere ein Ende setzt, zu mystifizieren, ein Geheimnis in ihm erkennen zu wollen oder gar den Gipfel einer Liebeserfüllung, ganz zu schweigen von einer wahnhaften Umnachtung des zum Sterben bereiten Dichters. Zu Recht betont die neuere Forschung die konkrete und materielle Seite von Kleists Leben und Sterben gegenüber einer Legendenbildung vom heiligen Kleist, der nur für die höheren Sphären der Dichtkunst gelebt habe. Die Gefahr bei dieser eher nüchternen Betrachtungsweise liegt indessen darin, dass man die Figur Kleist noch einmal zerreißt: Auf der einen Seite der konkrete Mensch mit seinen Problemen und einem unerfüllten Triebleben, auf der anderen Seite ein Werk, das mit der entmythologisierten Figur des Autors nicht mehr zu vermitteln ist. Kleists Leben und Tod bieten gewiss keine zureichende Erklärungsgrundlage für sein vielschichtiges, auf keinen schlichten Nenner zu reduzierendes Werk. Auch die Zeitumstände sind nicht geeignet, das Werk zu entschlüsseln etwa als Reaktion auf die zunehmende Grausamkeit in der Welt infolge der Französischen Revolution und ihres Terreurs. Umgekehrt lässt aber das Werk selbst Rückschlüsse zu auf die Person, die es hervorgebracht hat.

Kleist und Henriette Vogel liegen in einem gemeinsamen Grab am Kleinen Wannsee in Berlin, wenn das Grab sie denn noch birgt.[3] Der elende Zustand des Grabes schließt die Hoffnung nicht aus, es möge im Jubiläumsjahr 2011 gelingen, es in eine würdige Verfassung zu bringen.

1 Brief vom 10.11.1811, Sembdner, S. 884
2 Brief vom 21.11.1811, Sembdner, S. 887
3 Vgl. Ingeborg Harms, FAZ vom 22.7.2009.

# Die Marquise von O...[1]

In M[2]..., einer bedeutenden Stadt im oberen Italien, ließ die verwitwete Marquise von O...[3], eine Dame von vortrefflichem Ruf, und Mutter von mehreren wohlerzogenen Kindern, durch die Zeitungen bekannt machen: daß sie, ohne ihr Wissen, in andre Umstände gekommen sei, daß der Vater zu dem Kinde, das sie gebären würde, sich melden solle; und daß sie, aus Familienrücksichten[4], entschlossen wäre, ihn zu heiraten. Die Dame, die einen so sonderbaren, den Spott der Welt reizenden Schritt, beim Drang unabänderlicher Umstände, mit solcher Sicherheit tat, war die Tochter des Herrn von G..., Kommandanten der Zitadelle bei M... Sie hatte, vor ungefähr drei Jahren, ihren Gemahl, den Marquis von O..., dem sie auf das innigste und zärtlichste zugetan war, auf einer Reise verloren, die er, in Geschäften der Familie, nach Paris gemacht hatte. Auf Frau von G...s, ihrer würdigen Mutter, Wunsch, hatte sie, nach seinem Tode, den Landsitz verlassen, den sie bisher bei V... bewohnt hatte, und war, mit ihren beiden Kindern, in das Kommandantenhaus, zu ihrem Vater, zurückgekehrt. Hier hatte sie die nächsten Jahre mit Kunst, Lektüre, mit Erziehung, und ihrer Eltern Pflege beschäftigt, in der größten Eingezogenheit zugebracht: bis der ... Krieg[5] plötzlich die Gegend umher mit den Truppen fast aller Mächte und auch mit russischen erfüllte. Der Obrist von G..., welcher den Platz zu verteidigen Order hatte, forderte seine Gemahlin und seine Tochter auf, sich auf das Landgut, entweder der letzteren, oder seines Sohnes, das bei V... lag, zurückzuziehen. Doch ehe sich die Abschätzung noch, hier der Bedrängnisse, denen man in der Festung, dort der Greuel, denen man auf dem platten Lande ausgesetzt sein konnte, auf der Waage der weiblichen Überlegung entschieden hatte: war die Zitadelle[6] von den russischen Truppen

1 *Die Marquise von O...*: Der Erstdruck von Kleists Erzählung erschien im Februar 1808 im 2. Heft der Zeitschrift „Phöbus", die endgültige Fassung 1810 in der Buchausgabe der *Erzählungen, Band I.* Ihr folgt der vorliegende Text. Vgl. dazu auch Anm. 2.

2 *M...*: Durch offene Hinweise („bedeutenden Stadt") und verschlüsselte Angaben zu Personennamen (O..., G... usw.) und Orten (M..., V... usw.) sucht Kleist den Eindruck historischer Authentizität zu erwecken. Dem entspricht auch der fiktive Zusatz *Nach einer wahren Begebenheit, deren Schauplatz vom Norden nach dem Süden verlegt worden*, der nicht unter dem Titel (wie bis heute in manchen Textausgaben), sondern im Inhaltsverzeichnis des „Phöbus" steht, den Kleist jedoch in der Buchausgabe weggelassen hat.

3 *Marquise:* Gattin eines „Marquis": frz. Adelstitel, dt.: Markgraf

4 *aus Familienrücksichten*: Um 1800 drohten für uneheliche Schwangerschaften staatliche und kirchliche Strafen. Durch die Eheschließung galt die „Straftat" als gesühnt. (Vgl. Doering, S. 12.)

5 *der ... Krieg*: Der Zweite Koalitionskrieg (1799–1802) der europäischen Mächte gegen das napoleonische Frankreich, in dem 1799 die mit den österreichischen verbündeten russischen Truppen die Franzosen aus Italien vertrieben. Die nur durch Initialen bezeichneten Orte lassen sich Ortschaften im norditalienischen Kriegsgebiet zuordnen, wenn auch nicht eindeutig. Zudem sind Kriegshandlungen wie die in der Erzählung dargestellten aus diesen Orten nicht bekannt.

6 *Zitadelle*: kleine Festung zum Schutz der Stadt

schon berennt[1], und aufgefordert, sich zu ergeben. Der Obrist erklärte gegen[2] seine Familie, daß er sich nunmehr verhalten würde, als ob sie nicht vorhanden wäre; und antwortete mit Kugeln und Granaten. Der Feind, seinerseits, bombardierte[3] die Zitadelle. Er steckte die Magazine[4] in Brand, eroberte ein Außenwerk[5], und als der Kommandant, nach einer nochmaligen Aufforderung, mit der Übergabe zauderte, so ordnete er einen nächtlichen Überfall an, und eroberte die Festung mit Sturm.

Eben als die russischen Truppen, unter einem heftigen Haubitzenspiel[6], von außen eindrangen, fing der linke Flügel des Kommandantenhauses Feuer und nötigte die Frauen, ihn zu verlassen. Die Obristin, indem sie der Tochter, die mit den Kindern die Treppe hinabfloh, nacheilte, rief, daß man zusammenbleiben, und sich in die unteren Gewölbe flüchten möchte; doch eine Granate, die, eben in diesem Augenblicke, in dem Hause zerplatzte, vollendete die gänzliche Verwirrung in demselben. Die Marquise kam, mit ihren beiden Kindern, auf den Vorplatz des Schlosses[7], wo die Schüsse schon, im heftigsten Kampf, durch die Nacht blitzten, und sie, besinnungslos[8], wohin sie sich wenden solle, wieder in das brennende Gebäude zurückjagten. Hier, unglücklicher Weise, begegnete ihr, da sie eben durch die Hintertür entschlüpfen wollte, ein Trupp feindlicher Scharfschützen, der, bei ihrem Anblick, plötzlich still ward, die Gewehre über die Schultern hing, und sie, unter abscheulichen Gebärden, mit sich fortführte. Vergebens rief die Marquise, von der entsetzlichen, sich unter einander selbst bekämpfenden, Rotte[9] bald hier, bald dorthin gezerrt, ihre zitternden, durch die Pforte zurückfliehenden Frauen, zu Hülfe. Man schleppte sie in den hinteren Schloßhof, wo sie eben, unter den schändlichsten Mißhandlungen, zu Boden sinken wollte, als, von dem Zetergeschrei der Dame herbeigerufen, ein russischer Offizier erschien, und die Hunde, die nach solchem Raub lüstern waren, mit wütenden Hieben zerstreute. Der Marquise schien er ein Engel des Himmels[10] zu sein. Er stieß noch dem letzten viehischen Mordknecht, der ihren schlanken Leib umfaßt hielt, mit dem Griff des Degens ins Gesicht, daß er, mit aus dem Mund vorquellendem Blut, zurücktaumelte; bot dann der Dame, unter einer verbindlichen, französischen Anrede den Arm, und führte sie, die von allen solchen Auftritten sprachlos war, in den anderen, von der Flamme noch nicht ergriffenen, Flügel des Palastes, wo sie auch völlig bewußtlos niedersank. Hier – traf er, da bald darauf ihre erschrockenen Frauen erschienen, Anstalten, einen Arzt zu rufen; versicherte, indem er sich den Hut aufsetzte, daß sie sich bald erholen würde; und kehrte in den Kampf zurück.

1 *berennen:* angreifen
2 *gegen:* gegenüber
3 *bombardieren:* mit Granaten und Kugeln beschießen
4 *Magazin:* Lager, Aufbewahrungsort für Waffen und Munition; vgl. „Arsenäle“, S. 14, Z. 17
5 *Außenwerk*: Teil der Befestigung vor dem Hauptwall der Zitadelle
6 *Haubitzenspiel*: Kampf mit Haubitzen: mittlere oder schwere Geschütze
7 *Schloß*: hier: Kommandantenhaus
8 *besinnungslos*: ohne sich zu besinnen, zu überlegen, vgl. S. 47, Z. 28
9 *Rotte*: Trupp, Bande
10 *Engel des Himmels*: Vgl. den Schlusssatz der Erzählung.

Der Platz war in kurzer Zeit völlig erobert, und der Kommandant, der sich nur noch wehrte, weil man ihm keinen Pardon geben[1] wollte, zog sich eben mit sinkenden Kräften nach dem Portal des Hauses zurück, als der russische Offizier, sehr erhitzt im Gesicht, aus demselben hervortrat, und ihm zurief, sich zu ergeben. Der Kommandant antwortete, daß er auf diese Aufforderung nur gewartet habe, reichte ihm seinen Degen dar[2], und bat sich die Erlaubnis aus, sich ins Schloß begeben, und nach seiner Familie umsehen zu dürfen. Der russische Offizier, der, nach der Rolle zu urteilen, die er spielte, einer der Anführer des Sturms zu sein schien, gab ihm, unter Begleitung einer Wache, diese Freiheit; setzte sich, mit einiger Eilfertigkeit, an die Spitze eines Detachements[3], entschied, wo er noch zweifelhaft sein mochte, den Kampf, und bemannte schleunigst die festen Punkte des Forts. Bald darauf kehrte er auf den Waffenplatz zurück, gab Befehl, der Flamme, welche wütend um sich zu greifen anfing, Einhalt zu tun, und leistete selbst hierbei Wunder der Anstrengung, als man seine Befehle nicht mit dem gehörigen Eifer befolgte. Bald kletterte er, den Schlauch in der Hand, mitten unter brennenden Giebeln umher, und regierte den Wasserstrahl; bald steckte er, die Naturen der Asiaten[4] mit Schaudern erfüllend, in den Arsenälen, und wälzte Pulverfässer und gefüllte[5] Bomben heraus. Der Kommandant, der inzwischen in das Haus getreten war, geriet auf die Nachricht von dem Unfall, der die Marquise betroffen hatte, in die äußerste Bestürzung. Die Marquise, die sich schon völlig, ohne Beihülfe des Arztes, wie der russische Offizier vorher gesagt hatte, aus ihrer Ohnmacht wieder erholt hatte, und bei der Freude, alle die Ihrigen gesund und wohl zu sehen, nur noch, um die übermäßige Sorge derselben zu beschwichtigen, das Bett hütete, versicherte ihn, daß sie keinen andern Wunsch habe, als aufstehen zu dürfen, um ihrem Retter ihre Dankbarkeit zu bezeugen. Sie wußte schon, daß er der Graf F…, Obristlieutenant vom t…n Jägerkorps[6], und Ritter eines Verdienst- und mehrerer anderen Orden war. Sie bat ihren Vater, ihn inständigst zu ersuchen, daß er die Zitadelle nicht verlasse, ohne sich einen Augenblick im Schloß gezeigt zu haben. Der Kommandant, der das Gefühl seiner Tochter ehrte, kehrte auch ungesäumt in das Fort zurück, und trug ihm, da er unter unaufhörlichen Kriegsanordnungen umherschweifte, und keine bessere Gelegenheit zu finden war, auf den Wällen, wo er eben die zerschossenen Rotten revidierte[7], den Wunsch seiner gerührten Tochter vor. Der Graf versicherte ihn, daß er nur auf den Augenblick warte, den er seinen Geschäften würde abmüßigen[8] können, um ihr seine Ehrerbietigkeit zu

1 *Pardon geben*: sein Leben schonen
2 *reichte ihm seinen Degen dar*: Zeichen der Kapitulation durch freiwilligen Verzicht auf dieses Statussymbol
3 *Detachement*: ein für besondere Aufgaben vorgesehener Trupp von Soldaten
4 *Asiaten*: Diese Bezeichnung für die russischen Soldaten hebt deren den Asiaten zugeschriebene unzivilisierte Wildheit besonders hervor.
5 *gefüllte*: bereits mit Pulver gefüllte
6 *Jägerkorps*: leicht bewaffnete militärische Kampftruppe in Jägertracht
7 *die zerschossenen Rotten revidierte*: die Verluste der Soldatengruppen durch Tod und Verwundungen überprüfte
8 *abmüßigen*: abgewinnen

bezeugen. Er wollte noch hören, wie sich die Frau Marquise befinde? als ihn die Rapporte[1] mehrer Offiziere schon wieder in das Gewühl des Krieges zurückrissen. Als der Tag anbrach, erschien der Befehlshaber der russischen Truppen, und besichtigte das Fort. Er bezeugte dem Kommandanten seine Hochachtung, bedauerte, daß das Glück seinen Mut nicht besser unterstützt habe, und gab ihm, auf sein Ehrenwort, die Freiheit, sich hinzubegeben, wohin er wolle. Der Kommandant versicherte ihn seiner Dankbarkeit, und äußerte, wie viel er, an diesem Tage, den Russen überhaupt, und besonders dem jungen Grafen F..., Obristlieutenant vom t...n Jägerkorps, schuldig geworden sei. Der General fragte, was vorgefallen sei; und als man ihn von dem frevelhaften Anschlag auf die Tochter desselben unterrichtete, zeigte er sich auf das äußerste entrüstet. Er rief den Grafen F... bei Namen vor. Nachdem er ihm zuvörderst[2] wegen seines eignen edelmütigen Verhaltens eine kurze Lobrede gehalten hatte: wobei der Graf über das ganze Gesicht rot ward; schloß er, daß er die Schandkerle, die den Namen des Kaisers[3] brandmarkten[4], niederschießen lassen wolle; und befahl ihm, zu sagen, wer sie seien? Der Graf F... antwortete, in einer verwirrten Rede, daß er nicht im Stande sei, ihre Namen anzugeben, indem es ihm, bei dem schwachen Schimmer der Reverberen[5] im Schloßhof, unmöglich gewesen wäre, ihre Gesichter zu erkennen. Der General, welcher gehört hatte, daß damals schon das Schloß in Flammen stand, wunderte sich darüber; er bemerkte, wie man wohl bekannte Leute in der Nacht an ihren Stimmen erkennen könnte; und gab ihm, da er mit einem verlegenen Gesicht die Achseln zuckte, auf, der Sache auf das allereifrigste und strengste nachzuspüren. In diesem Augenblick berichtete jemand, der sich aus dem hintern Kreise hervordrängte, daß einer von den, durch den Grafen F... verwundeten, Frevlern, da er in dem Korridor niedergesunken, von den Leuten des Kommandanten in ein Behältnis[6] geschleppt worden, und darin noch befindlich sei. Der General ließ diesen hierauf durch eine Wache herbeiführen, ein kurzes Verhör über ihn halten; und die ganze Rotte, nachdem jener sie genannt hatte, fünf an der Zahl zusammen, erschießen[7]. Dies abgemacht, gab der General, nach Zurücklassung einer kleinen Besatzung, Befehl zum allgemeinen Aufbruch der übrigen Truppen; die Offiziere zerstreuten sich eiligst zu ihren Korps; der Graf trat, durch die Verwirrung der Auseinander-Eilenden, zum Kommandanten, und bedauerte, daß er sich der Frau Marquise, unter diesen Umständen, gehorsamst empfehlen müsse: und in weniger, als einer Stunde, war das ganze Fort von Russen wieder leer.

Die Familie dachte nun darauf, wie sie in der Zukunft eine Gelegenheit finden würde, dem Grafen irgend eine Äußerung ihrer Dankbarkeit zu geben; doch wie

1 *Rapport:* dienstliche Meldung, Bericht
2 *zuvörderst*: zuerst, vor allem
3 *Kaiser:* Diese Bezeichung für den Zaren war um 1800 gängig.
4 *brandmarken*: öffentlich bloßstellen, entehren
5 *Reverberen*: frz. „réverbère": Reflektor, Straßenlaterne; Lampen, deren Licht durch einen Reflektor (Spiegel, glänzendes Metall) verstärkt wird
6 *Behältnis*: Raum, der als Gefängnis benutzt wird
7 *erschießen*: Die unverzügliche Erschießung entsprach dem damaligen Kriegsrecht.

groß war ihr Schrecken, als sie erfuhr, daß derselbe noch am Tage seines Aufbruchs aus dem Fort, in einem Gefecht mit den feindlichen Truppen, seinen Tod gefunden habe. Der Kurier, der diese Nachricht nach M… brachte, hatte ihn mit eignen Augen, tödlich durch die Brust geschossen, nach P… tragen sehen, wo er, wie man sichere Nachricht hatte, in dem Augenblick, da ihn die Träger von den Schultern nehmen wollten, verblichen war. Der Kommandant, der sich selbst auf das Posthaus[1] verfügte, und sich nach den näheren Umständen dieses Vorfalls erkundigte, erfuhr noch, daß er auf dem Schlachtfeld, in dem Moment, da ihn der Schuß traf, gerufen habe: „Julietta! Diese Kugel rächt dich!“[2] und nachher seine Lippen auf immer geschlossen hätte. Die Marquise war untröstlich, daß sie die Gelegenheit hatte vorbeigehen lassen, sich zu seinen Füßen zu werfen. Sie machte sich die lebhaftesten Vorwürfe, daß sie ihn, bei seiner, vielleicht aus Bescheidenheit, wie sie meinte, herrührenden Weigerung, im Schlosse zu erscheinen, nicht selbst aufgesucht habe; bedauerte die Unglückliche, ihre Namensschwester, an die er noch im Tode gedacht hatte; bemühte sich vergebens, ihren Aufenthalt zu erforschen, um sie von diesem unglücklichen und rührenden Vorfall zu unterrichten; und mehrere Monden[3] vergingen, ehe sie selbst ihn vergessen konnte.

Die Familie mußte nun das Kommandantenhaus räumen, um dem russischen Befehlshaber darin Platz zu machen. Man überlegte anfangs, ob man sich nicht auf die Güter des Kommandanten begeben sollte, wozu die Marquise einen großen Hang hatte; doch da der Obrist das Landleben nicht liebte, so bezog die Familie ein Haus in der Stadt, und richtete sich dasselbe zu einer immerwährenden Wohnung ein. Alles kehrte nun in die alte Ordnung der Dinge zurück. Die Marquise knüpfte den lange unterbrochenen Unterricht ihrer Kinder wieder an, und suchte, für die Feierstunden, ihre Staffelei und Bücher hervor: als sie sich, sonst die Göttin der Gesundheit selbst, von wiederholten Unpäßlichkeiten befallen fühlte, die sie ganze Wochen lang, für die Gesellschaft untauglich machten. Sie litt an Übelkeiten, Schwindeln und Ohnmachten, und wußte nicht, was sie aus diesem sonderbaren Zustand machen solle. Eines Morgens, da die Familie beim Tee saß, und der Vater sich, auf einen Augenblick, aus dem Zimmer entfernt hatte, sagte die Marquise, aus einer langen Gedankenlosigkeit erwachend, zu ihrer Mutter: wenn mir eine Frau sagte, daß sie ein Gefühl hätte, ebenso, wie ich jetzt, da ich die Tasse ergriff, so würde ich bei mir denken, daß sie in gesegneten Leibesumständen wäre. Frau von G… sagte, sie verstände sie nicht. Die Marquise erklärte sich noch einmal, daß sie eben jetzt eine Sensation[4] gehabt hätte, wie damals, als sie mit ihrer zweiten Tochter schwanger war. Frau von G… sagte, sie würde vielleicht den Phantasus gebären, und lachte. Morpheus[5]

1 *Posthaus*: Station der Postwagen
2 *„Julietta! Diese Kugel rächt dich!“*: Woher der Graf den Vornamen der Marquise, Julietta, kennt, bleibt unklar. Er erinnert an zwei berühmte Liebende in der Literatur: Shakespeare: *Romeo and Juliet*; Rousseau: *Julie ou la nouvelle Héloise* (vgl. M 2).
3 *Monden*: Monate
4 *Sensation:* körperliche Empfindung
5 *Phantasus […] Morpheus*: Traumgötter, Söhne des Schlafgottes

wenigstens, versetzte die Marquise, oder einer der Träume aus seinem Gefolge, würde sein Vater sein; und scherzte gleichfalls. Doch der Obrist kam, das Gespräch ward abgebrochen, und der ganze Gegenstand, da die Marquise sich in einigen Tagen wieder erholte, vergessen.

Bald darauf ward der Familie, eben zu einer Zeit, da sich auch der Forstmeister von G..., des Kommandanten Sohn, in dem Hause eingefunden hatte, der sonderbare Schrecken, durch einen Kammerdiener, der ins Zimmer trat, den Grafen F... anmelden zu hören. Der Graf F...! sagte der Vater und die Tochter zugleich; und das Erstaunen machte alle sprachlos. Der Kammerdiener versicherte, daß er recht gesehen und gehört habe, und daß der Graf schon im Vorzimmer stehe, und warte. Der Kommandant sprang sogleich selbst auf, ihm zu öffnen, worauf er, schön, wie ein junger Gott, ein wenig bleich im Gesicht, eintrat. Nachdem die Szene unbegreiflicher Verwunderung vorüber war, und der Graf, auf die Anschuldigung[1] der Eltern, daß er ja tot sei, versichert hatte, daß er lebe; wandte er sich, mit vieler Rührung im Gesicht, zur Tochter, und seine erste Frage war gleich, wie sie sich befinde? Die Marquise versicherte, sehr wohl, und wollte nur wissen, wie *er* ins Leben erstanden sei? Doch *er*, auf seinem Gegenstand beharrend, erwiderte: daß sie ihm nicht die Wahrheit sage; auf ihrem Antlitz drücke sich eine seltsame Mattigkeit aus; ihn müsse alles trügen, oder sie sei unpäßlich, und leide. Die Marquise, durch die Herzlichkeit, womit er dies vorbrachte, gut gestimmt, versetzte: nun ja; diese Mattigkeit, wenn er wolle, könne für die Spur einer Kränklichkeit gelten, an welcher sie vor einigen Wochen gelitten hätte; sie fürchte inzwischen nicht, daß diese weiter von Folgen sein würde. Worauf er, mit einer aufflammenden Freude, erwiderte: er auch nicht! und hinzusetzte, ob sie ihn heiraten wolle? Die Marquise wußte nicht, was sie von dieser Aufführung[2] denken solle. Sie sah, über und über rot, ihre Mutter, und diese, mit Verlegenheit, den Sohn und den Vater an; während der Graf vor die Marquise trat, und indem er ihre Hand nahm, als ob er sie küssen wollte, wiederholte: ob sie ihn verstanden hätte? Der Kommandant sagte: ob er nicht Platz nehmen wolle; und setzte ihm, auf eine verbindliche, obschon etwas ernsthafte, Art einen Stuhl hin. Die Obristin sprach: in der Tat, wir werden glauben, daß Sie ein Geist sind, bis Sie uns werden eröffnet haben, wie Sie aus dem Grabe, in welches man Sie zu P... gelegt hatte, erstanden sind. Der Graf setzte sich, indem er die Hand der Dame fahren ließ, nieder, und sagte, daß er[3], durch die Umstände gezwungen, sich sehr kurz fassen müsse; daß er, tödlich durch die Brust geschossen, nach P... gebracht worden wäre;

1 *Anschuldigung*: Durch die Wahl dieses Begriffes gewinnt die Szene eine groteske Komik. Die „Anschuldigung“ gilt wohl vor allem der Unwahrscheinlichkeit, dass ein Totgeglaubter, über dessen Hinscheiden man „sichere Nachricht hatte“ (S. 16, Z. 4 f.), gegen allen Menschenverstand, zurückgekehrt, gleichsam auferstanden ist, was zu „unbegreiflicher Verwunderung“ (Z. 12 f.) führt.

2 *Aufführung*: hier: Verhalten, Betragen

3 *Der Graf [...] sagte, daß er [...]:* Angesichts der häufig begegnenden Satzkonstruktion mit vielfach wiederholtem „daß“ stellt sich die Frage nach der inhaltlichen Funktion.

daß er mehrere Monate daselbst an seinem Leben verzweifelt hätte[1]; daß während dessen die Frau Marquise sein einziger Gedanke gewesen wäre; daß er die Lust und den Schmerz nicht beschreiben könnte, die sich in dieser Vorstellung umarmt hätten; daß er endlich, nach seiner Wiederherstellung, wieder zur Armee gegangen wäre; daß er daselbst die lebhafteste Unruhe empfunden hätte; daß er mehrere Male die Feder ergriffen, um in einem Briefe, an den Herrn Obristen und die Frau Marquise, seinem Herzen Luft zu machen; daß er plötzlich mit Depeschen[2] nach Neapel geschickt worden wäre; daß er nicht wisse, ob er nicht von dort weiter nach Konstantinopel werde abgeordert werden; daß er vielleicht gar nach St. Petersburg werde gehen müssen; daß ihm inzwischen unmöglich wäre, länger zu leben, ohne über eine notwendige Forderung seiner Seele ins Reine zu sein; daß er dem Drang bei seiner Durchreise durch M…, einige Schritte zu diesem Zweck zu tun, nicht habe widerstehen können; kurz, daß er den Wunsch hege, mit der Hand der Frau Marquise beglückt zu werden, und daß er auf das ehrfurchtsvollste, inständigste und dringendste bitte, sich ihm hierüber gütig zu erklären. – Der Kommandant, nach einer langen Pause, erwiderte: daß ihm dieser Antrag zwar, wenn er, wie er nicht zweifle, ernsthaft gemeint sei, sehr schmeichelhaft wäre. Bei dem Tode ihres Gemahls, des Marquis von O…, hätte sich seine Tochter aber entschlossen, in keine zweite Vermählung einzugehen. Da ihr jedoch kürzlich von ihm eine so große Verbindlichkeit[3] auferlegt worden sei: so wäre es nicht unmöglich, daß ihr Entschluß dadurch, seinen Wünschen gemäß, eine Abänderung erleide; er bitte sich inzwischen die Erlaubnis für sie aus, darüber im Stillen während einiger Zeit nachdenken zu dürfen. Der Graf versicherte, daß diese gütige Erklärung zwar alle seine Hoffnungen befriedige; daß sie ihn, unter anderen Umständen, auch völlig beglücken würde; daß er die ganze Unschicklichkeit fühle, sich mit derselben nicht zu beruhigen: daß dringende Verhältnisse jedoch, über welche er sich näher auszulassen nicht im Stande sei, ihm eine bestimmtere Erklärung äußerst wünschenswert machten; daß die Pferde, die ihn nach Neapel tragen sollten, vor seinem Wagen stünden; und daß er inständigst bitte, wenn irgend etwas in diesem Hause günstig für ihn spreche, – wobei er die Marquise ansah – ihn nicht, ohne eine gütige Äußerung darüber, abreisen zu lassen. Der Obrist, durch diese Aufführung ein wenig betreten, antwortete, daß die Dankbarkeit, die die Marquise für ihn empfände, ihn zwar zu großen Voraussetzungen[4] berechtige: doch nicht zu so großen; sie werde bei einem Schritte, bei welchem es das Glück ihres Lebens gelte, nicht ohne die gehörige Klugheit verfahren. Es wäre unerlaßlich, daß seiner Tochter, bevor sie sich erkläre, das Glück seiner näheren Bekanntschaft würde. Er lade ihn ein, nach Vollendung seiner Geschäftsreise, nach M… zurückzukehren, und auf einige Zeit der Gast seines Hauses zu sein. Wenn alsdann die Frau Marquise hoffen könne, durch ihn glücklich zu werden, so werde auch er, eher[5] aber nicht, mit Freuden vernehmen, daß sie ihm

1 *an seinem Leben verzweifelt hätte*: alle Hoffnung auf sein Leben verloren hätte
2 *Depesche:* eiliges dienstliches Schreiben
3 *Verbindlichkeit*: Verpflichtung
4 *Voraussetzungen*: Annahmen, von denen man sich bei seinen Überlegungen leiten lässt
5 *eher*: wohl nur zeitlich zu verstehen: „aber nicht eher, früher“

eine bestimmte Antwort gegeben habe. Der Graf äußerte, indem ihm eine Röte ins Gesicht stieg, daß er seinen ungeduldigen Wünschen, während seiner ganzen Reise, dies Schicksal vorausgesagt habe; daß er sich inzwischen dadurch in die äußerste Bekümmernis gestürzt sehe; daß ihm, bei der ungünstigen Rolle, die er eben jetzt zu spielen gezwungen sei, eine nähere Bekanntschaft nicht anders als vorteilhaft sein könne; daß er für seinen Ruf, wenn anders[1] diese zweideutigste aller Eigenschaften in Erwägung gezogen werden solle, einstehen zu dürfen glaube; daß die einzige nichtswürdige Handlung, die er in seinem Leben begangen hätte, der Welt unbekannt, und er schon im Begriff sei, sie wieder gut zu machen; daß er, mit einem Wort, ein ehrlicher Mann sei, und die Versicherung anzunehmen bitte, daß diese Versicherung wahrhaftig sei. – Der Kommandant erwiderte, indem er ein wenig, obschon ohne Ironie, lächelte, daß er alle diese Äußerungen unterschreibe. Noch hätte er keines jungen Mannes Bekanntschaft gemacht, der, in so kurzer Zeit, so viele vortreffliche Eigenschaften des Charakters entwickelt hätte. Er glaube fast, daß eine kurze Bedenkzeit die Unschlüssigkeit, die noch obwalte, heben würde; bevor er jedoch Rücksprache genommen hätte, mit seiner sowohl, als des Herrn Grafen Familie, könne keine andere Erklärung, als die gegebene, erfolgen. Hierauf äußerte der Graf, daß er ohne Eltern und frei sei. Sein Onkel sei der General K…, für dessen Einwilligung er stehe. Er setzte hinzu, daß er Herr eines ansehnlichen Vermögens wäre, und sich würde entschließen können, Italien zu seinem Vaterlande zu machen. – Der Kommandant machte ihm eine verbindliche Verbeugung, erklärte seinen Willen noch einmal; und bat ihn, bis nach vollendeter Reise, von dieser Sache abzubrechen[2]. Der Graf, nach einer kurzen Pause, in welcher er alle Merkmale der größten Unruhe gegeben hatte, sagte, indem er sich zur Mutter wandte, daß er sein Äußerstes getan hätte, um dieser Geschäftsreise auszuweichen; daß die Schritte, die er deshalb beim General en Chef[3], und dem General K…, seinem Onkel, gewagt hätte, die entscheidendsten gewesen wären, die sich hätten tun lassen; daß man aber geglaubt hätte, ihn dadurch aus einer Schwermut aufzurütteln, die ihm von seiner Krankheit noch zurückgeblieben wäre; und daß er sich jetzt völlig dadurch ins Elend gestürzt sehe. – Die Familie wußte nicht, was sie zu dieser Äußerung sagen sollte. Der Graf fuhr fort, indem er sich die Stirn rieb, daß wenn irgend Hoffnung wäre, dem Ziele seiner Wünsche dadurch näher zu kommen, er seine Reise auf einen Tag, auch wohl noch etwas darüber, aussetzen würde, um es zu versuchen. – Hierbei sah er, nach der Reihe, den Kommandanten, die Marquise und die Mutter an. Der Kommandant blickte mißvergnügt vor sich nieder, und antwortete ihm nicht. Die Obristin sagte: gehn Sie, gehn Sie, Herr Graf; reisen Sie nach Neapel; schenken Sie uns, wenn Sie wiederkehren, auf einige Zeit das Glück Ihrer Gegenwart; so wird sich das Übrige finden. – Der Graf saß einen Augenblick, und schien zu suchen, was er zu tun habe. Drauf, indem er sich erhob, und seinen Stuhl wegsetzte: da er die Hoffnungen, sprach er, mit denen

1 *wenn anders*: wenn denn
2 *abbrechen*: hier: Abstand nehmen
3 *General en Chef*: kommandierender General

er in dies Haus getreten sei, als übereilt erkennen müsse, und die Familie, wie er nicht mißbillige, auf eine nähere Bekanntschaft bestehe[1]: so werde er seine Depeschen, zu einer anderweitigen Expedition[2], nach Z..., in das Hauptquartier[3], zurückschicken, und das gütige Anerbieten, der Gast dieses Hauses zu sein, auf einige Wochen annehmen. Worauf er noch, den Stuhl in der Hand, an der Wand stehend, einen Augenblick verharrte, und den Kommandanten ansah. Der Kommandant versetzte, daß es ihm äußerst leid tun würde, wenn die Leidenschaft, die er zu seiner Tochter gefaßt zu haben scheine, ihm Unannehmlichkeiten von der ernsthaftesten Art zuzöge: daß er indessen wissen müsse, was er zu tun und zu lassen habe, die Depeschen abschicken, und die für ihn bestimmten Zimmer beziehen möchte. Man sah ihn bei diesen Worten sich entfärben, der Mutter ehrerbietig die Hand küssen, sich gegen die Übrigen verneigen und sich entfernen.

Als er das Zimmer verlassen hatte, wußte die Familie nicht, was sie aus dieser Erscheinung[4] machen solle. Die Mutter sagte, es wäre wohl nicht möglich, daß er Depeschen, mit denen er nach Neapel ginge, nach Z... zurückschicken wolle, bloß, weil es ihm nicht gelungen wäre, auf seiner Durchreise durch M..., in einer fünf Minuten langen Unterredung, von einer ihm ganz unbekannten Dame ein Jawort zu erhalten. Der Forstmeister äußerte, daß eine so leichtsinnige Tat ja mit nichts Geringerem, als Festungsarrest, bestraft werden würde! Und Kassation[5] obenein, setzte der Kommandant hinzu. Es habe aber damit keine Gefahr, fuhr er fort. Es sei ein bloßer Schreckschuß beim Sturm; er werde sich wohl noch, ehe er die Depeschen abgeschickt, wieder besinnen. Die Mutter, als sie von dieser Gefahr unterrichtet ward, äußerte die lebhafteste Besorgnis, daß er sie abschicken werde. Sein heftiger, auf einen Punkt hintreibender Wille, meinte sie, scheine ihr grade einer solchen Tat fähig. Sie bat den Forstmeister auf das dringendste, ihm sogleich nachzugehen, und ihn von einer so unglückdrohenden Handlung abzuhalten. Der Forstmeister erwiderte, daß ein solcher Schritt gerade das Gegenteil bewirken, und ihn nur in der Hoffnung, durch seine Kriegslist zu siegen, bestärken würde. Die Marquise war derselben Meinung, obschon sie versicherte, daß ohne ihn[6] die Absendung der Depeschen unfehlbar erfolgen würde, indem er lieber werde unglücklich werden, als sich eine Blöße geben wollen. Alle kamen darin überein, daß sein Betragen sehr sonder-

1 *auf eine [...] Bekanntschaft bestehe*: „Bestehen" wird heute in der Regel mit dem Dativ gebraucht: auf einer Bekanntschaft bestehen. Die Verwendung des Akkusativs wie bei Kleist wird vom Duden als „selten" bezeichnet, scheint aber an Boden zu gewinnen.
2 *Expedition*: Beförderung; zu „expedieren": Briefe durch einen Boten befördern
3 *nach Z..., in das Hauptquartier*: In Zürich hatte der russische General Korsakow (General K..., der Onkel des Grafen F..., S. 19, Z. 26) im September 1799 sein Hauptquartier aufgeschlagen.
4 *Erscheinung*: Vorgang
5 *Kassation*: unehrenhafte Entlassung aus dem Militärdienst
6 *ohne ihn*: ohne einen „solchen Schritt" (Z. 27) des Forstmeisters

bar sei, und daß er Damenherzen durch Anlauf, wie Festungen, zu erobern[1] gewohnt scheine. In diesem Augenblick bemerkte der Kommandant den angespannten Wagen des Grafen vor seiner Tür. Er rief die Familie ans Fenster, und fragte einen eben eintretenden Bedienten, erstaunt, ob der Graf noch im Hause sei? Der Bediente antwortete, daß er unten, in der Domestikenstube[2], in Gesellschaft eines Adjutanten[3], Briefe schreibe und Pakete versiegle. Der Kommandant, der seine Bestürzung unterdrückte, eilte mit dem Forstmeister hinunter, und fragte den Grafen, da er ihn auf dazu nicht schicklichen[4] Tischen seine Geschäfte betreiben sah, ob er nicht in seine Zimmer treten wolle? Und ob er sonst irgend etwas befehle? Der Graf erwiderte, indem er mit Eilfertigkeit fortschrieb, daß er untertänigst danke, und daß sein Geschäft abgemacht sei; fragte noch, indem er den Brief zusiegelte, nach der Uhr; und wünschte dem Adjutanten, nachdem er ihm das ganze Portefeuille[5] übergeben hatte, eine glückliche Reise. Der Kommandant, der seinen Augen nicht traute, sagte, indem der Adjutant zum Hause hinausging: Herr Graf, wenn Sie nicht sehr wichtige Gründe haben – Entscheidende! fiel ihm der Graf ins Wort; begleitete den Adjutanten zum Wagen, und öffnete ihm die Tür. In diesem Fall würde ich wenigstens, fuhr der Kommandant fort, die Depeschen – Es ist nicht möglich, antwortete der Graf, indem er den Adjutanten in den Sitz hob. Die Depeschen gelten nichts in Neapel ohne mich. Ich habe auch daran gedacht. Fahr zu! – Und die Briefe Ihres Herrn Onkels? rief der Adjutant, sich aus der Tür hervorbeugend. Treffen mich, erwiderte der Graf, in M... Fahr zu, sagte der Adjutant, und rollte mit dem Wagen dahin.

Hierauf fragte der Graf F..., indem er sich zum Kommandanten wandte, ob er ihm gefälligst[6] sein Zimmer anweisen lassen wolle? Er würde gleich selbst die Ehre haben, antwortete der verwirrte Obrist; rief[7] seinen und des Grafen Leuten, das Gepäck desselben aufzunehmen: und führte ihn in die für fremden Besuch bestimmten Gemächer des Hauses, wo er sich ihm mit einem trocknen Gesicht empfahl. Der Graf kleidete sich um; verließ das Haus, um sich bei dem Gouverneur des Platzes[8] zu melden, und für den ganzen weiteren Rest des Tages im Hause unsichtbar, kehrte er erst kurz vor der Abendtafel dahin zurück.

Inzwischen war die Familie in der lebhaftesten Unruhe. Der Forstmeister erzählte, wie bestimmt, auf einige Vorstellungen[9] des Kommandanten, des Grafen Antworten ausgefallen wären; meinte, daß sein Verhalten einem völlig überlegten Schritt

1 *Damenherzen [...] wie Festungen zu erobern*: Zur Beschreibung des Verhaltens des Grafen gegenüber der Marquise und ihrer Familie verwendet Kleist häufig militärische Metaphern, vgl. S. 20, Z. 21, 28; S. 22, Z. 1 f.; S. 24, Z. 11.
2 *Domestikenstube*: Dienstbotenraum
3 *Adjutant:* einem Offizier zur dienstlichen Unterstützung zugeordneter Gehilfe
4 *nicht schicklich*: hier: nicht geeignet
5 *Portefeuille*: Aktenmappe
6 *gefälligst*: hier: gefälligerweise, freundlicherweise
7 *rufen*: auffordern
8 *Gouverneur des Platzes*: oberster Befehlshaber des Ortes
9 *Vorstellungen*: das, was der Kommandant dem Grafen eindringlich vor Augen führt/zu bedenken gibt, vgl. S. 22, Z. 13 f.

ähnlich sehe; und fragte, in aller Welt, nach den Ursachen einer so auf Kurierpferden gehenden[1] Bewerbung. Der Kommandant sagte, daß er von der Sache nichts verstehe, und forderte die Familie auf, davon weiter nicht in seiner Gegenwart zu sprechen. Die Mutter sah alle Augenblicke aus dem Fenster, ob er nicht kommen, seine leichtsinnige Tat bereuen, und wieder gut machen werde. Endlich, da es finster ward, setzte sie sich zur Marquise nieder, welche, mit vieler Emsigkeit, an einem Tisch arbeitete, und das Gespräch zu vermeiden schien. Sie fragte sie halblaut, während der Vater auf und niederging, ob sie begreife, was aus dieser Sache werden solle? Die Marquise antwortete, mit einem schüchtern nach dem Kommandanten gewandten Blick: wenn der Vater bewirkt hätte, daß er nach Neapel gereist wäre, so wäre alles gut. Nach Neapel! rief der Kommandant, der dies gehört hatte. Sollt ich den Priester holen[2] lassen? Oder hätt ich ihn schließen[3] lassen und arretieren[4], und mit Bewachung nach Neapel schicken sollen? – Nein, antwortete die Marquise, aber lebhafte und eindringliche Vorstellungen tun ihre Wirkung; und sah, ein wenig unwillig, wieder auf ihre Arbeit nieder. – Endlich gegen die Nacht erschien der Graf. Man erwartete nur, nach den ersten Höflichkeitsbezeugungen, daß dieser Gegenstand zur Sprache kommen würde, um ihn mit vereinter Kraft zu bestürmen, den Schritt, den er gewagt hatte, wenn es noch möglich sei, wieder zurückzunehmen. Doch vergebens, während der ganzen Abendtafel, erharrte man diesen Augenblick. Geflissentlich alles, was darauf führen konnte, vermeidend, unterhielt er den Kommandanten vom Kriege, und den Forstmeister von der Jagd. Als er des Gefechts bei P…, in welchem er verwundet worden war, erwähnte, verwickelte ihn die Mutter bei der Geschichte seiner Krankheit, fragte ihn, wie es ihm an diesem kleinen Orte ergangen sei, und ob er die gehörigen Bequemlichkeiten gefunden hätte. Hierauf erzählte er mehrere, durch seine Leidenschaft zur Marquise interessanten, Züge: wie sie beständig, während seiner Krankheit, an seinem Bette gesessen hätte; wie er die Vorstellung von ihr, in der Hitze des Wundfiebers, immer mit der Vorstellung eines Schwans[5] verwechselt hätte, den er, als Knabe, auf seines Onkels Gütern gesehen; daß ihm besonders eine Erinnerung rührend gewesen wäre, da er diesen Schwan einst mit Kot beworfen, worauf dieser still untergetaucht, und rein aus der Flut wieder emporgekommen sei; daß sie[6] immer auf feurigen Fluten[7] umhergeschwommen wäre, und er Thinka[8] geru-

1 *auf Kurierpferden gehend*: mit großer Eile betrieben, vgl. S. 21, Anm. 1
2 *den Priester holen*: ironisch: zur geistlichen Unterstützung
3 *schließen*: festschließen, in Ketten legen
4 *arretieren*: frz. „arrêter“: festnehmen, verhaften
5 *Schwan:* Der Schwan gilt als Sinnbild insbesondere der Reinheit und Unschuld.
6 *sie*: Der im Folgenden beibehaltene Wechsel zum weiblichen Pronomen bezieht sich zum einen auf den erst danach genannten Namen „Thinka“ (Z. 31), zum andern auf die Verwechslung der „Vorstellung“ von der Marquise, mit der „eines Schwans“ (Z. 26) und verstärkt so die Gleichsetzung beider (vgl. insbesondere S. 23, Z. 2 f.).
7 *feurigen Fluten*: In dem in sich widersprüchlichen Bild (Oxymoron) überlagern sich die Wirkung der „Hitze des Wundfiebers“ und die Erinnerung an den Brand der Zitadelle.
8 *Thinka*: wohl Abkürzung von „Kathinka“, Koseform von „Jekaterina“, der slawischen Form von „Katharina“ (die Reine)

fen hätte, welches der Name jenes Schwans gewesen, daß er aber nicht im Stande gewesen wäre, sie an sich zu locken, indem sie ihre Freude gehabt hätte, bloß am Rudern und In-die-Brust-sich-werfen; versicherte plötzlich, blutrot im Gesicht, daß er sie außerordentlich liebe: sah wieder auf seinen Teller nieder, und schwieg. Man mußte endlich von der Tafel aufstehen; und da der Graf, nach einem kurzen Gespräch mit der Mutter, sich sogleich gegen die Gesellschaft verneigte, und wieder in sein Zimmer zurückzog: so standen die Mitglieder derselben wieder, und wußten nicht, was sie denken sollten. Der Kommandant meinte: man müsse der Sache ihren Lauf lassen. Er rechne wahrscheinlich auf seine Verwandten bei diesem Schritte. Infame[1] Kassation stünde sonst darauf. Frau von G... fragte ihre Tochter, was sie denn von ihm halte? Und ob sie sich wohl zu irgend einer Äußerung, die ein Unglück vermiede, würde verstehen[2] können? Die Marquise antwortete: Liebste Mutter! Das ist nicht möglich. Es tut mir leid, daß meine Dankbarkeit auf eine so harte Probe gestellt wird. Doch es war mein Entschluß, mich nicht wieder zu vermählen; ich mag mein Glück nicht, und nicht so unüberlegt, auf ein zweites Spiel setzen. Der Forstmeister bemerkte, daß wenn dies ihr fester Wille wäre, auch *diese* Erklärung ihm Nutzen schaffen könne, und daß es fast notwendig scheine, ihm irgend *eine* bestimmte zu geben. Die Obristin versetzte, daß da dieser junge Mann, den so viele außerordentliche Eigenschaften empföhlen, seinen Aufenthalt in Italien nehmen zu wollen, erklärt habe, sein Antrag, nach ihrer Meinung, einige Rücksicht, und der Entschluß der Marquise Prüfung verdiene. Der Forstmeister, indem er sich bei ihr niederließ, fragte, wie er ihr denn, was seine Person anbetreffe, gefalle? Die Marquise antwortete, mit einiger Verlegenheit: er gefällt und mißfällt mir; und berief sich auf das Gefühl der anderen. Die Obristin sagte: wenn er von Neapel zurückkehrt, und die Erkundigungen, die wir inzwischen über ihn einziehen könnten, dem Gesamteindruck, den du von ihm empfangen hast, nicht widersprächen: wie würdest du dich, falls er alsdann seinen Antrag wiederholte, erklären? In diesem Fall, versetzte die Marquise, würd ich – da in der Tat seine Wünsche so lebhaft scheinen, diese Wünsche – sie stockte, und ihre Augen glänzten, indem sie dies sagte – um der Verbindlichkeit willen, die ich ihm schuldig bin, erfüllen. Die Mutter, die eine zweite Vermählung ihrer Tochter immer gewünscht hatte, hatte Mühe, ihre Freude über diese Erklärung zu verbergen, und sann, was sich wohl daraus machen lasse. Der Forstmeister sagte, indem er unruhig vom Sitz wieder aufstand, daß wenn die Marquise irgend an die Möglichkeit denke, ihn einst mit ihrer Hand zu erfreuen, jetzt gleich notwendig ein Schritt dazu geschehen müsse, um den Folgen seiner rasenden Tat vorzubeugen. Die Mutter war derselben Meinung, und behauptete, daß zuletzt das Wagstück nicht allzugroß wäre, indem bei so vielen vortrefflichen Eigenschaften, die er in jener Nacht, da das Fort von den Russen erstürmt ward, entwickelte, kaum zu fürchten sei, daß sein übriger Lebenswandel ihnen nicht entsprechen sollte. Die Marquise sah, mit dem Ausdruck der lebhaftesten Unruhe, vor sich nieder. Man könnte ihm ja, fuhr die

1 *infam*: verstärkt die Bedeutung „unehrenhaft“ in dem Begriff „Kassation“ (S. 20, Anm. 5)
2 *verstehen*: bereitfinden

Mutter fort, indem sie ihre Hand ergriff, etwa eine Erklärung, daß du, bis zu seiner Rückkehr von Neapel, in keine andere Verbindung eingehen wollest, zukommen lassen. Die Marquise sagte: *diese* Erklärung, liebste Mutter, kann ich ihm geben; ich fürchte nur, daß sie ihn nicht beruhigen, und uns verwickeln[1] wird. Das sei meine Sorge! erwiderte die Mutter, mit lebhafter Freude; und sah sich nach dem Kommandanten um. Lorenzo[2]! fragte sie, was meinst du? und machte Anstalten, sich vom Sitz zu erheben. Der Kommandant, der alles gehört hatte, stand am Fenster, sah auf die Straße hinaus, und sagte nichts. Der Forstmeister versicherte, daß er, mit dieser unschädlichen Erklärung, den Grafen aus dem Hause zu schaffen, sich anheischig mache[3]. Nun so macht! macht! macht! rief der Vater, indem er sich umkehrte: ich muß mich diesem Russen schon zum zweitenmal ergeben[4]! – Hierauf sprang die Mutter auf, küßte ihn und die Tochter, und fragte, indem der Vater über ihre Geschäftigkeit lächelte, wie man dem Grafen jetzt diese Erklärung augenblicklich hinterbringen solle? Man beschloß, auf den Vorschlag des Forstmeisters, ihn bitten zu lassen, sich, falls er noch nicht entkleidet sei, gefälligst[5] auf einen Augenblick zur Familie zu verfügen. Er werde gleich die Ehre haben zu erscheinen! ließ der Graf antworten, und kaum war der Kammerdiener mit dieser Meldung zurück, als er schon selbst, mit Schritten, die die Freude beflügelte, ins Zimmer trat, und zu den Füßen der Marquise, in der allerlebhaftesten Rührung niedersank. Der Kommandant wollte etwas sagen: doch er, indem er aufstand, versetzte, er wisse genug! küßte ihm und der Mutter die Hand, umarmte den Bruder, und bat nur um die Gefälligkeit, ihm sogleich zu einem Reisewagen zu verhelfen. Die Marquise, obschon von diesem Auftritt bewegt, sagte doch: ich fürchte nicht, Herr Graf, daß Ihre rasche Hoffnung Sie zu weit – Nichts! Nichts! versetzte der Graf; es ist nichts geschehen, wenn die Erkundigungen, die Sie über mich einziehen mögen, dem Gefühl widersprechen, das mich zu Ihnen in dies Zimmer zurückberief. Hierauf umarmte der Kommandant ihn auf das herzlichste, der Forstmeister bot ihm sogleich seinen eigenen Reisewagen an, ein Jäger[6] flog auf die Post, Kurierpferde auf Prämien[7] zu bestellen, und Freude war bei dieser Abreise, wie noch niemals bei einem Empfang. Er hoffe, sagte der Graf, die Depeschen in B... einzuholen, von wo er jetzt einen näheren Weg nach Neapel, als über M... einschlagen würde; in Neapel würde er sein Möglichstes tun, die fernere Geschäftsreise nach Konstantinopel abzulehnen; und da er, auf den äußersten Fall, entschlossen wäre, sich krank anzugeben, so versicherte er, daß wenn nicht unvermeidliche Hindernisse ihn abhielten, er in Zeit von vier bis sechs Wochen unfehlbar

1 *verwickeln*: in Schwierigkeiten, Verpflichtungen verwickeln
2 *Lorenzo*: Vorname des Kommandanten, in dieser Situation zum ersten Mal genannt
3 *sich anheischig machen:* sich erbieten, sich verpflichten
4 *diesem Russen [...] ergeben*: Vgl. S. 14, Z. 3 ff. und S. 21, Anm. 1.
5 *gefälligst*: hier: gefälligerweise, freundlicherweise
6 *Jäger*: Angehöriger des Jägerkorps (vgl. S. 14, Z. 25) oder Bedienter in Jägertracht (S. 36, Z. 12)
7 *auf Prämien*: zu lat. „emere“: gegen Bezahlung nehmen, kaufen; gegen Vorauszahlung; zu lat. „praemia“: wörtlich: Vorweg(prae-)genommenes

wieder in M... sein würde. Hierauf meldete sein Jäger, daß der Wagen angespannt, und alles zur Abreise bereit sei. Der Graf nahm seinen Hut, trat vor die Marquise, und ergriff ihre Hand. Nun denn, sprach er, Julietta, so bin ich einigermaßen beruhigt; und legte seine Hand in die ihrige; obschon es mein sehnlichster Wunsch war, mich noch vor meiner Abreise mit Ihnen zu vermählen. Vermählen! riefen alle Mitglieder der Familie aus. Vermählen, wiederholte der Graf, küßte der Marquise die Hand, und versicherte, da diese fragte, ob er von Sinnen sei: es würde ein Tag kommen, wo sie ihn verstehen würde! Die Familie wollte auf ihn böse werden; doch er nahm gleich auf das wärmste von allen Abschied, bat sie, über diese Äußerung nicht weiter nachzudenken, und reiste ab.

Mehrere Wochen, in welchen die Familie, mit sehr verschiedenen Empfindungen, auf den Ausgang dieser sonderbaren Sache gespannt war, verstrichen. Der Kommandant empfing vom General K..., dem Onkel des Grafen, eine höfliche Zuschrift[1]; der Graf selbst schrieb aus Neapel; die Erkundigungen, die man über ihn einzog, sprachen ziemlich zu seinem Vorteil; kurz, man hielt die Verlobung schon für so gut, wie abgemacht: als sich die Kränklichkeiten der Marquise, mit größerer Lebhaftigkeit, als jemals, wieder einstellten. Sie bemerkte eine unbegreifliche Veränderung ihrer Gestalt. Sie entdeckte sich mit völliger Freimütigkeit ihrer Mutter, und sagte, sie wisse nicht, was sie von ihrem Zustand denken solle. Die Mutter, welche so sonderbare Zufälle[2] für die Gesundheit ihrer Tochter äußerst besorgt machten, verlangte, daß sie einen Arzt zu Rate ziehe. Die Marquise, die durch ihre Natur zu siegen hoffte, sträubte sich dagegen; sie brachte mehrere Tage noch, ohne dem Rat der Mutter zu folgen, unter den empfindlichsten Leiden zu: bis Gefühle, immer wiederkehrend und von so wunderbarer[3] Art, sie in die lebhafteste Unruhe stürzten. Sie ließ einen Arzt rufen, der das Vertrauen ihres Vaters besaß, nötigte ihn, da gerade die Mutter abwesend war, auf den Diwan nieder, und eröffnete ihm, nach einer kurzen Einleitung, scherzend, was sie von sich glaube. Der Arzt warf einen forschenden Blick auf sie; schwieg noch, nachdem er eine genaue Untersuchung vollendet hatte, eine Zeitlang: und antwortete dann mit einer sehr ernsthaften Miene, daß die Frau Marquise ganz richtig urteile. Nachdem er sich auf die Frage der Dame, wie er dies verstehe, ganz deutlich erklärt, und mit einem Lächeln, das er nicht unterdrücken konnte, gesagt hatte, daß sie ganz gesund sei, und keinen Arzt brauche, zog die Marquise, und sah ihn sehr streng von der Seite an, die Klingel, und bat ihn, sich zu entfernen. Sie äußerte halblaut, als ob er der Rede nicht wert wäre, vor sich nieder murmelnd: daß sie nicht Lust hätte, mit ihm über Gegenstände dieser Art zu scherzen. Der Doktor erwiderte empfindlich: er müsse wünschen, daß sie immer zum Scherz so wenig aufgelegt gewesen wäre, wie jetzt; nahm Stock und Hut, und machte Anstalten, sich sogleich zu empfehlen. Die Marquise versicherte, daß sie von diesen Beleidigungen ihren Vater unterrichten würde. Der Arzt antwortete, daß er seine Aussage vor

1 *Zuschrift*: Schreiben
2 *Zufälle*: (plötzlich auftretende) Anfälle
3 *wunderbar*: wie ein Wunder erscheinend, Verwunderung hervorrufend

Gericht beschwören könne: öffnete die Tür, verneigte sich, und wollte das Zimmer verlassen. Die Marquise fragte, da er noch einen Handschuh, den er hatte fallen lassen, von der Erde aufnahm: und die Möglichkeit davon, Herr Doktor? Der Doktor erwiderte, daß er ihr die letzten Gründe der Dinge nicht werde zu erklären brauchen; verneigte sich ihr noch einmal, und ging ab.

Die Marquise stand, wie vom Donner gerührt. Sie raffte sich auf, und wollte zu ihrem Vater eilen; doch der sonderbare Ernst des Mannes, von dem sie sich beleidigt sah, lähmte alle ihre Glieder. Sie warf sich in der größten Bewegung auf den Diwan nieder. Sie durchlief, gegen sich selbst mißtrauisch, alle Momente des verflossenen Jahres, und hielt sich für verrückt, wenn sie an den letzten dachte. Endlich erschien die Mutter; und auf die bestürzte Frage, warum sie so unruhig sei? erzählte ihr die Tochter, was ihr der Arzt soeben eröffnet hatte. Frau von G… nannte ihn einen Unverschämten und Nichtswürdigen, und bestärkte die Tochter in dem Entschluß, diese Beleidigung dem Vater zu entdecken. Die Marquise versicherte, daß es sein völliger Ernst gewesen sei, und daß er entschlossen scheine, dem Vater ins Gesicht seine rasende Behauptung zu wiederholen. Frau von G… fragte, nicht wenig erschrocken, ob sie denn an die Möglichkeit eines solchen Zustandes glaube? Eher, antwortete die Marquise, daß die Gräber befruchtet werden, und sich dem Schoße der Leichen eine Geburt entwickeln wird! Nun, du liebes wunderliches Weib[1], sagte die Obristin, indem sie sie fest an sich drückte: was beunruhigt dich denn? Wenn dein Bewußtsein dich rein spricht: wie kann dich ein Urteil, und wäre es das einer ganzen Konsulta[2] von Ärzten, nur kümmern? Ob das seinige aus Irrtum, ob es aus Bosheit entsprang: gilt es dir nicht völlig gleichviel? Doch schicklich ist es, daß wir es dem Vater entdecken. – O Gott! sagte die Marquise, mit einer konvulsivischen[3] Bewegung: wie kann ich mich beruhigen. Hab ich nicht mein eignes, innerliches, mir nur allzuwohlbekanntes Gefühl gegen mich? Würd ich nicht, wenn ich in einer andern meine Empfindung wüßte, von ihr selbst urteilen, daß es damit seine Richtigkeit habe? Es ist entsetzlich, versetzte die Obristin. Bosheit! Irrtum! fuhr die Marquise fort. Was kann dieser Mann, der uns bis auf den heutigen Tag schätzenswürdig erschien, für Gründe haben, mich auf eine so mutwillige und niederträchtige Art zu kränken? Mich, die ihn nie beleidigt hatte? Die ihn mit Vertrauen, und dem Vorgefühl zukünftiger Dankbarkeit, empfing? Bei der er, wie seine ersten Worte zeugten, mit dem reinen und unverfälschten Willen erschien, zu helfen, nicht Schmerzen, grimmigere, als ich empfand, erst zu erregen? Und wenn ich in der Notwendigkeit der Wahl, fuhr sie fort, während die Mutter sie unverwandt ansah, an einen Irrtum glauben wollte: ist es wohl möglich, daß ein Arzt, auch nur von mittelmäßiger Geschicklichkeit, in solchem Falle irre? – Die Obristin sagte ein wenig spitz: und gleichwohl muß es doch notwendig eins oder das andere gewesen sein. Ja! versetzte die Marquise, meine teuerste Mutter, indem sie ihr, mit dem Ausdruck der gekränk-

1 *Weib*: (verheiratete) Frau, ohne negativen Beiklang
2 *Konsulta*: Beratungsgremium
3 *konvulsivisch*: krampfartig zuckend

ten Würde, hochrot im Gesicht glühend, die Hand küßte: das muß es! Obschon die Umstände so außerordentlich sind, daß es mir erlaubt ist, daran zu zweifeln. Ich schwöre, weil es doch einer Versicherung bedarf, daß mein Bewußtsein, gleich dem meiner Kinder ist; nicht reiner, Verehrungswürdigste, kann das Ihrige sein. Gleichwohl bitte ich Sie, mir eine Hebamme rufen zu lassen, damit ich mich von dem, was ist, überzeuge, und gleichviel alsdann, *was* es sei, beruhige. Eine Hebamme! rief Frau von G... mit Entwürdigung[1]. Ein reines Bewußtsein, und eine Hebamme! Und die Sprache ging ihr aus. Eine Hebamme, meine teuerste Mutter, wiederholte die Marquise, indem sie sich auf Knieen vor ihr niederließ; und das augenblicklich, wenn ich nicht wahnsinnig werden soll. O sehr gern, versetzte die Obristin; nur bitte ich, das Wochenlager[2] nicht in meinem Hause zu halten. Und damit stand sie auf, und wollte das Zimmer verlassen. Die Marquise, ihr mit ausgebreiteten Armen folgend, fiel ganz auf das Gesicht nieder, und umfaßte ihre Kniee. Wenn irgend ein unsträfliches[3] Leben, rief sie, mit der Beredsamkeit des Schmerzes, ein Leben, nach Ihrem Muster geführt, mir ein Recht auf Ihre Achtung gibt, wenn irgend ein mütterliches Gefühl auch nur, so lange meine Schuld nicht sonnenklar entschieden ist, in Ihrem Busen für mich spricht: so verlassen Sie mich in diesen entsetzlichen Augenblicken nicht. – Was ist es, das dich beunruhigt? fragte die Mutter. Ist es weiter nichts, als der Ausspruch des Arztes? Weiter nichts, als dein innerliches Gefühl? Nichts weiter, meine Mutter, versetzte die Marquise, und legte ihre Hand auf die Brust. Nichts, Julietta? fuhr die Mutter fort. Besinne dich. Ein Fehltritt, so unsäglich er mich schmerzen würde, er ließe sich, und ich müßte ihn zuletzt verzeihn; doch wenn du, um einem mütterlichen Verweis auszuweichen, ein Märchen von der Umwälzung der Weltordnung ersinnen, und gotteslästerliche Schwüre häufen könntest, um es meinem, dir nur allzugerngläubigen, Herzen aufzubürden: so wäre das schändlich; ich würde dir niemals wieder gut werden. – Möge das Reich der Erlösung einst so offen vor mir liegen, wie meine Seele vor Ihnen, rief die Marquise. Ich verschwieg Ihnen nichts, meine Mutter. – Diese Äußerung, voll Pathos getan, erschütterte die Mutter. O Himmel! rief sie: mein liebenswürdiges Kind! Wie rührst du mich! Und hob sie auf, und küßte sie, und drückte sie an ihre Brust. Was denn, in aller Welt, fürchtest du? Komm, du bist sehr krank. Sie wollte sie in ein Bett führen. Doch die Marquise, welcher die Tränen häufig flossen, versicherte, daß sie sehr gesund wäre, und daß ihr gar nichts fehle, außer jenem sonderbaren und unbegreiflichen Zustand. – Zustand! rief die Mutter wieder; welch ein Zustand? Wenn dein Gedächtnis über die Vergangenheit so sicher ist, welch ein Wahnsinn der Furcht ergriff dich? Kann ein innerliches Gefühl denn, das doch nur dunkel sich regt, nicht trügen? Nein! Nein! sagte die Marquise, es trügt mich nicht! Und wenn Sie die Hebamme rufen lassen wollen, so werden Sie hören, daß das Entsetzliche, mich Vernichtende, wahr ist. – Komm, meine liebste

1 *mit Entwürdigung*: in ihrer Würde verletzt, empört, entrüstet

2 *Wochenlager*: Wochenbett: Zeitraum von sechs bis acht Wochen nach der Geburt eines Kindes, den die Mutter zur Erholung oft im Bett verbrachte

3 *unsträflich*: untadelig

Tochter, sagte Frau von G..., die für ihren Verstand zu fürchten anfing. Komm, folge mir, und lege dich zu Bett. Was meintest du, daß dir der Arzt gesagt hat? Wie dein Gesicht glüht! Wie du an allen Gliedern so zitterst! Was war es schon, das dir der Arzt gesagt hat? Und damit zog sie die Marquise, ungläubig nunmehr an den ganzen Auftritt, den sie ihr erzählt hatte, mit sich fort. – Die Marquise sagte: Liebe! Vortreffliche! indem sie mit weinenden Augen lächelte. Ich bin meiner Sinne mächtig. Der Arzt hat mir gesagt, daß ich in gesegneten Leibesumständen bin. Lassen Sie die Hebamme rufen: und sobald sie sagt, daß es nicht wahr ist, bin ich wieder ruhig. Gut, gut! erwiderte die Obristin, die ihre Angst unterdrückte. Sie soll gleich kommen; sie soll gleich, wenn du dich von ihr willst auslachen lassen, erscheinen, und dir sagen, daß du eine Träumerin, und nicht recht klug bist. Und damit zog sie die Klingel, und schickte augenblicklich einen ihrer Leute, der die Hebamme rufe.

Die Marquise lag noch, mit unruhig sich hebender Brust, in den Armen ihrer Mutter, als diese Frau erschien, und die Obristin ihr, an welcher seltsamen Vorstellung ihre Tochter krank liege, eröffnete. Die Frau Marquise schwöre, daß sie sich tugendhaft verhalten habe, und gleichwohl halte sie, von einer unbegreiflichen Empfindung getäuscht, für nötig, daß eine sachverständige Frau ihren Zustand untersuche. Die Hebamme, während sie sich von demselben unterrichtete, sprach von jungem Blut[1] und der Arglist der Welt; äußerte, als sie ihr Geschäft vollendet hatte, dergleichen Fälle wären ihr schon vorgekommen; die jungen Witwen, die in ihre Lage kämen, meinten alle auf wüsten Inseln gelebt zu haben; beruhigte inzwischen die Frau Marquise, und versicherte sie, daß sich der muntere Korsar[2], der zur Nachtzeit gelandet, schon finden würde. Bei diesen Worten fiel die Marquise in Ohnmacht. Die Obristin, die ihr mütterliches Gefühl nicht überwältigen[3] konnte, brachte sie zwar, mit Hülfe der Hebamme, wieder ins Leben zurück. Doch die Entrüstung siegte, da sie erwacht war. Julietta! rief die Mutter mit dem lebhaftesten Schmerz. Willst du dich mir entdecken, willst du den Vater mir nennen? Und schien noch zur Versöhnung geneigt. Doch als die Marquise sagte, daß sie wahnsinnig werden würde, sprach die Mutter, indem sie sich vom Diwan erhob: geh! geh! du bist nichtswürdig! Verflucht sei die Stunde, da ich dich gebar! und verließ das Zimmer.

Die Marquise, der das Tageslicht von neuem schwinden wollte, zog die Geburtshelferin vor sich nieder, und legte ihr Haupt heftig zitternd an ihre Brust. Sie fragte, mit gebrochener Stimme, wie denn die Natur auf ihren Wegen walte? Und ob die Möglichkeit einer unwissentlichen Empfängnis sei? – Die Hebamme lächelte, machte ihr das Tuch los, und sagte, das würde ja doch der Frau Marquise Fall nicht sein. Nein, nein, antwortete die Marquise, sie habe wissentlich empfangen, sie wolle nur im allgemeinen wissen, ob diese Erscheinung im Reiche der Natur sei? Die Hebamme versetzte, daß dies, außer der heiligen Jungfrau, noch keinem Weibe auf Erden zugestoßen wäre. Die Marquise zitterte immer heftiger. Sie glaubte, daß sie augenblicklich

1 *junges Blut:* ein junger Mensch
2 *Korsar*: Seeräuber
3 *überwältigen*: hier: bezwingen, unterdrücken

niederkommen würde, und bat die Geburtshelferin, indem sie sich mit krampfhafter Beängstigung an sie schloß, sie nicht zu verlassen. Die Hebamme beruhigte sie. Sie versicherte, daß das Wochenbett noch beträchtlich entfernt wäre, gab ihr auch die Mittel an, wie man, in solchen Fällen, dem Leumund[1] der Welt ausweichen könne, und meinte, es würde noch alles gut werden. Doch da diese Trostgründe der unglücklichen Dame völlig wie Messerstiche durch die Brust fuhren, so sammelte sie sich, sagte, sie befände sich besser, und bat ihre Gesellschafterin sich zu entfernen.

Kaum war die Hebamme aus dem Zimmer, als ihr ein Schreiben von der Mutter gebracht ward, in welchem diese sich so ausließ: „Herr von G... wünsche, unter den obwaltenden Umständen, daß sie sein Haus verlasse. Er sende ihr hierbei die über ihr Vermögen lautenden Papiere, und hoffe daß ihm Gott den Jammer ersparen werde, sie wieder zu sehen." – Der Brief war inzwischen[2] von Tränen benetzt; und in einem Winkel stand ein verwischtes Wort: diktiert. – Der Marquise stürzte der Schmerz aus den Augen. Sie ging, heftig über den Irrtum ihrer Eltern weinend, und über die Ungerechtigkeit, zu welcher diese vortrefflichen Menschen verführt wurden, nach den Gemächern ihrer Mutter. Es hieß, sie sei bei ihrem Vater; sie wankte nach den Gemächern ihres Vaters. Sie sank, als sie die Türe verschlossen fand, mit jammernder Stimme, alle Heiligen zu Zeugen ihrer Unschuld anrufend, vor derselben nieder. Sie mochte wohl schon einige Minuten hier gelegen haben, als der Forstmeister daraus hervortrat, und zu ihr mit flammendem Gesicht sagte: sie höre daß der Kommandant sie nicht sehen wolle. Die Marquise rief: mein liebster Bruder! unter vielem Schluchzen; drängte sich ins Zimmer, und rief: mein teuerster Vater! und streckte die Arme nach ihm aus. Der Kommandant wandte ihr, bei ihrem Anblick, den Rücken zu, und eilte in sein Schlafgemach. Er rief, als sie ihn dahin verfolgte, hinweg! und wollte die Türe zuwerfen; doch da sie, unter Jammern und Flehen, daß er sie schließe, verhinderte, so gab er plötzlich nach und eilte, während die Marquise zu ihm hineintrat, nach der hintern Wand. Sie warf sich ihm, der ihr den Rücken zugekehrt hatte, eben zu Füßen, und umfaßte zitternd seine Kniee, als ein Pistol[3], das er ergriffen hatte, in dem Augenblick, da er es von der Wand herabriß, losging, und der Schuß schmetternd in die Decke fuhr. Herr meines Lebens[4]! rief die Marquise, erhob sich leichenblaß von ihren Knieen, und eilte aus seinen Gemächern wieder hinweg. Man soll sogleich anspannen, sagte sie, indem sie in die ihrigen trat; setzte sich, matt bis in den Tod[5], auf einen Sessel nieder, zog ihre Kinder eilfertig an, und ließ die Sachen einpacken. Sie hatte eben ihr Kleinstes zwischen den Knieen, und schlug ihm noch ein Tuch um, um nunmehr, da alles zur Abreise bereit war, in den Wagen zu steigen: als

1 *Leumund*: guter oder schlechter Ruf; hier: üble Nachrede, Verleumdung

2 *inzwischen*: indessen, jedoch, aber

3 *ein Pistol*: eine Pistole. Kleist verwendet neben der auf frz. „le pistolet" zurückgehenden maskulinen Form auch das heute gebräuchliche feminine Substantiv.

4 *Herr meines Lebens*: Gott; aber wohl auch: der Vater

5 *matt bis in den Tod*: erinnert an Jesu Worte im Garten Gethsemane, bevor er gefangen genommen und später gekreuzigt wird: „Meine Seele ist betrübt bis an den Tod." (Matth. 26,38)

der Forstmeister eintrat, und auf Befehl des Kommandanten die Zurücklassung und Überlieferung der Kinder[1] von ihr forderte. Dieser Kinder? fragte sie; und stand auf. Sag deinem unmenschlichen Vater, daß er kommen, und mich niederschießen, nicht aber mir meine Kinder entreißen könne! Und hob, mit dem ganzen Stolz der Unschuld gerüstet, ihre Kinder auf, trug sie ohne daß der Bruder gewagt hätte, sie anzuhalten, in den Wagen, und fuhr ab.

Durch diese schöne Anstrengung mit sich selbst bekannt gemacht, hob sie sich plötzlich, wie an ihrer eigenen Hand, aus der ganzen Tiefe, in welche das Schicksal sie herabgestürzt hatte, empor. Der Aufruhr, der ihre Brust zerriß, legte sich, als sie im Freien war, sie küßte häufig die Kinder, diese ihre liebe Beute[2], und mit großer Selbstzufriedenheit gedachte sie, welch einen Sieg sie, durch die Kraft ihres schuldfreien Bewußtseins, über ihren Bruder davon getragen hatte. Ihr Verstand, stark genug, in ihrer sonderbaren Lage nicht zu reißen, gab sich ganz unter der großen, heiligen und unerklärlichen Einrichtung der Welt gefangen[3]. Sie sah die Unmöglichkeit ein, ihre Familie von ihrer Unschuld zu überzeugen, begriff, daß sie sich darüber trösten müsse, falls sie nicht untergehen wolle, und wenige Tage nur waren nach ihrer Ankunft in V... verflossen, als der Schmerz ganz und gar dem heldenmütigen Vorsatz Platz machte, sich mit Stolz gegen die Anfälle[4] der Welt zu rüsten. Sie beschloß, sich ganz in ihr Innerstes zurückzuziehen, sich, mit ausschließendem[5] Eifer, der Erziehung ihrer beiden Kinder zu widmen, und des Geschenks, das ihr Gott mit dem dritten gemacht hatte, mit voller mütterlichen Liebe zu pflegen. Sie machte Anstalten, in wenig Wochen, sobald sie ihre Niederkunft überstanden haben würde, ihren schönen, aber durch die lange Abwesenheit ein wenig verfallenen Landsitz wieder herzustellen; saß in der Gartenlaube, und dachte, während sie kleine Mützen, und Strümpfe für kleine Beine strickte, wie sie die Zimmer bequem verteilen würde; auch, welches sie mit Büchern füllen, und in welchem die Staffelei am schicklichsten stehen würde. Und so war der Zeitpunkt, da der Graf F... von Neapel wiederkehren sollte, noch nicht abgelaufen, als sie schon völlig mit dem Schicksal, in ewig klösterlicher Eingezogenheit zu leben, vertraut war. Der Türsteher erhielt Befehl, keinen Menschen im Hause vorzulassen. Nur der Gedanke war ihr unerträglich, daß dem jungen Wesen, das sie in der größten Unschuld und Reinheit empfangen hatte, und dessen Ursprung, eben weil er geheimnisvoller war, auch göttlicher zu sein schien, als der anderer Menschen, ein Schandfleck in der bürgerlichen Gesell-

1 *Zurücklassung und Überlieferung der Kinder*: Mit dieser „Abforderung der Kinder" (S. 34, Z. 9) verlangt der Kommandant implizit die Übertragung der Elternrechte auf ihn, den Großvater, den die Marquise daraufhin einen „unmenschlichen Vater" (Z. 3) nennt.

2 *Beute*: Hier und im Folgenden (Z. 11, 16, 18) verwendet Kleist auch für das Verhalten der Marquise Metaphern aus der Militärsprache, die zuvor dem des Grafen und des Kommandanten vorbehalten waren. Vgl. S. 21, Anm. 1.

3 *Ihr Verstand [...] gab sich [...] gefangen*: etwa: Ihr Verstand ergab sich ganz in die von Gott („heilig") geschaffene, mit dem Verstand nicht zu begreifende Einrichtung der Welt. Vgl. dagegen die „gebrechliche [...] Einrichtung der Welt", S. 44, Z. 13 und Anm. 4.

4 *Anfälle*: Angriffe; zu *anfallen:* plötzlich angreifen

5 *ausschließend*: ausschließlich, uneingeschränkt

schaft ankleben sollte. Ein sonderbares Mittel war ihr eingefallen, den Vater zu entdecken: ein Mittel, bei dem sie, als sie es zuerst dachte, das Strickzeug selbst vor Schrecken aus der Hand fallen ließ. Durch ganze Nächte, in unruhiger Schlaflosigkeit durchwacht, ward es gedreht und gewendet um sich an seine ihr innerstes Gefühl verletzende, Natur zu gewöhnen. Immer noch sträubte sie sich, mit dem Menschen, der sie so hintergangen hatte, in irgend ein Verhältnis zu treten: indem sie sehr richtig schloß, daß derselbe doch, ohne alle Rettung, zum Auswurf seiner Gattung[1] gehören müsse, und, auf welchem Platz der Welt man ihn auch denken wolle, nur aus dem zertretensten und unflätigsten Schlamm derselben, hervorgegangen sein könne. Doch da das Gefühl ihrer Selbständigkeit immer lebhafter in ihr ward, und sie bedachte, daß der Stein seinen Wert behält, er mag auch eingefaßt sein, wie man wolle, so griff sie eines Morgens, da sich das junge Leben wieder in ihr regte, ein Herz[2], und ließ jene sonderbare Aufforderung in die Intelligenzblätter[3] von M... rücken, die man am Eingang dieser Erzählung gelesen hat.

Der Graf F..., den unvermeidliche Geschäfte in Neapel aufhielten, hatte inzwischen zum zweitenmal an die Marquise geschrieben, und sie aufgefordert, es möchten fremde Umstände eintreten, welche da wollten, ihrer, ihm gegebenen, stillschweigenden Erklärung getreu zu bleiben. Sobald es ihm geglückt war, seine fernere Geschäftsreise nach Konstantinopel abzulehnen, und es seine übrigen Verhältnisse gestatteten, ging er augenblicklich von Neapel ab, und kam auch richtig, nur wenige Tage nach der von ihm bestimmten Frist, in M... an. Der Kommandant empfing ihn mit einem verlegenen Gesicht, sagte, daß ein notwendiges Geschäft ihn aus dem Hause nötige, und forderte den Forstmeister auf, ihn inzwischen zu unterhalten. Der Forstmeister zog ihn auf sein Zimmer, und fragte ihn, nach einer kurzen Begrüßung, ob er schon wisse, was sich während seiner Abwesenheit in dem Hause des Kommandanten zugetragen habe. Der Graf antwortete, mit einer flüchtigen Blässe: nein. Hierauf unterrichtete ihn der Forstmeister von der Schande, die die Marquise über die Familie gebracht hatte, und gab ihm die Geschichtserzählung dessen, was unsre Leser soeben erfahren haben. Der Graf schlug sich mit der Hand vor die Stirn. Warum legte man mir so viele Hindernisse in den Weg! rief er in der Vergessenheit seiner[4]. Wenn die Vermählung erfolgt wäre: so wäre alle Schmach und jedes Unglück uns erspart! Der Forstmeister fragte, indem er ihn anglotzte, ob er rasend genug wäre, zu wünschen, mit dieser Nichtswürdigen vermählt zu sein? Der Graf erwiderte, daß sie mehr wert wäre, als die ganze Welt, die sie verachtete; daß ihre Erklärung über ihre Unschuld vollkommnen Glauben bei ihm fände; und daß er noch heute nach V... gehen, und seinen Antrag bei ihr wiederholen würde. Er ergriff auch

1 *Auswurf seiner Gattung*: Abschaum der Menschheit, von ihr Ausgestoßener, Verworfener

2 *griff sie [...] ein Herz:* fasste sie sich ein Herz

3 *Intelligenzblätter*: zu engl. „intelligence“: Nachricht, Information, Auskunft; im 18. und 19. Jh. regelmäßig erscheinende lokale bzw. regionale Zeitungen, die Nachrichten, amtliche Bekanntmachungen und geschäftliche wie private Anzeigen enthielten

4 *in der Vergessenheit seiner*: „Seiner“ bezieht sich wohl auf den Forstmeister, meint nicht die Selbstvergessenheit des Grafen.

sogleich seinen Hut, empfahl sich dem Forstmeister, der ihn für seiner Sinne völlig beraubt hielt, und ging ab.

Er bestieg ein Pferd und sprengte nach V… hinaus. Als er am Tore abgestiegen war, und in den Vorplatz treten wollte, sagte ihm der Türsteher, daß die Frau Marquise keinen Menschen spräche. Der Graf fragte, ob diese, für Fremde getroffene, Maßregel auch einem Freund des Hauses gälte; worauf jener antwortete, daß er von keiner Ausnahme wisse, und bald darauf, auf eine zweideutige Art hinzusetzte: ob er vielleicht der Graf F… wäre? Der Graf erwiderte, nach einem forschenden Blick, nein; und äußerte, zu seinem Bedienten gewandt, doch so, daß jener es hören konnte, er werde, unter solchen Umständen, in einem Gasthofe absteigen, und sich bei der Frau Marquise schriftlich anmelden. Sobald er inzwischen[1] dem Türsteher aus den Augen war, bog er um eine Ecke, und umschlich die Mauer eines weitläufigen Gartens, der sich hinter dem Hause ausbreitete. Er trat durch eine Pforte, die er offen fand, in den Garten, durchstrich die Gänge desselben, und wollte eben die hintere Rampe hinaufsteigen, als er, in einer Laube, die zur Seite lag, die Marquise, in ihrer lieblichen und geheimnisvollen Gestalt, an einem kleinen Tischchen emsig arbeiten sah. Er näherte sich ihr so, daß sie ihn nicht früher erblicken konnte, als bis er am Eingang der Laube, drei kleine Schritte von ihren Füßen, stand. Der Graf F…! sagte die Marquise, als sie die Augen aufschlug, und die Röte der Überraschung überflog ihr Gesicht. Der Graf lächelte, blieb noch eine Zeitlang, ohne sich im Eingang zu rühren, stehen; setzte sich dann, mit so bescheidener Zudringlichkeit, als sie nicht zu erschrecken nötig war, neben ihr nieder, und schlug, ehe sie noch, in ihrer sonderbaren Lage, einen Entschluß gefaßt hatte, seinen Arm sanft um ihren lieben Leib. Von wo, Herr Graf, ist es möglich, fragte die Marquise – und sah schüchtern vor sich auf die Erde nieder. Der Graf sagte: von M…, und drückte sie ganz leise an sich; durch eine hintere Pforte, die ich offen fand. Ich glaubte auf Ihre Verzeihung rechnen zu dürfen, und trat ein. Hat man Ihnen denn in M… nicht gesagt –? – fragte sie, und rührte noch kein Glied in seinen Armen. Alles, geliebte Frau, versetzte der Graf; doch von Ihrer Unschuld völlig überzeugt – Wie! rief die Marquise, indem sie aufstand, und sich loswickelte[2]; und Sie kommen gleichwohl? – Der Welt zum Trotz, fuhr er fort, indem er sie festhielt, und Ihrer Familie zum Trotz, und dieser lieblichen Erscheinung sogar zum Trotz; wobei er einen glühenden Kuß auf ihre Brust drückte. – Hinweg! rief die Marquise – So überzeugt, sagte er, Julietta, als ob ich allwissend wäre, als ob meine Seele in deiner Brust wohnte – Die Marquise rief: Lassen Sie mich! Ich komme, schloß er – und ließ sie nicht – meinen Antrag zu wiederholen, und das Los der Seligen, wenn Sie mich erhören wollen, von Ihrer Hand zu empfangen. Lassen Sie mich augenblicklich! rief die Marquise; ich befehls Ihnen! riß sich gewaltsam aus seinen Armen, und entfloh. Geliebte! Vortreffliche! flüsterte er, indem er wieder aufstand, und ihr folgte. – Sie hören! rief die Marquise, und wandte sich, und wich ihm aus. Ein einziges, heimliches, geflüstertes –! sagte der Graf, und griff hastig nach

1 *inzwischen*: hier: indessen, jedoch
2 *loswickeln*: losmachen

ihrem glatten, ihm entschlüpfenden Arm. – Ich *will nichts* wissen[1], versetzte die Marquise, stieß ihn heftig vor die Brust zurück, eilte auf die Rampe[2], und verschwand.

Er war schon halb auf die Rampe gekommen, um sich, es koste, was es wolle, bei ihr Gehör zu verschaffen, als die Tür vor ihm zuflog, und der Riegel heftig, mit verstörter Beeiferung, vor seinen Schritten zurasselte. Unschlüssig, einen Augenblick, was unter solchen Umständen zu tun sei, stand er, und überlegte, ob er durch ein, zur Seite offen stehendes Fenster einsteigen, und seinen Zweck, bis er ihn erreicht, verfolgen solle; doch so schwer es ihm auch in jedem Sinne war, umzukehren, diesmal schien es die Notwendigkeit zu erfordern, und grimmig erbittert über sich, daß er sie aus seinen Armen gelassen hatte, schlich er die Rampe hinab, und verließ den Garten, um seine Pferde aufzusuchen. Er fühlte daß der Versuch, sich an ihrem Busen zu erklären, für immer fehlgeschlagen sei, und ritt schrittweis[3], indem er einen Brief überlegte, den er jetzt zu schreiben verdammt war, nach M... zurück. Abends, da er sich, in der übelsten Laune von der Welt, bei einer öffentlichen Tafel[4] eingefunden hatte, traf er den Forstmeister an, der ihn auch sogleich befragte, ob er seinen Antrag in V... glücklich angebracht habe? Der Graf antwortete kurz: nein! und war sehr gestimmt, ihn mit einer bitteren Wendung abzufertigen; doch um der Höflichkeit ein Genüge zu tun, setzte er nach einer Weile hinzu: er habe sich entschlossen, sich schriftlich an sie zu wenden, und werde damit in kurzem ins Reine sein. Der Forstmeister sagte: er sehe mit Bedauern, daß seine Leidenschaft für die Marquise ihn seiner Sinne beraube. Er müsse ihm inzwischen[5] versichern, daß sie bereits auf dem Wege sei, eine andere Wahl zu treffen; klingelte nach den neuesten Zeitungen, und gab ihm das Blatt, in welchem die Aufforderung derselben an den Vater ihres Kindes eingerückt[6] war. Der Graf durchlief, indem ihm das Blut ins Gesicht schoß, die Schrift[7]. Ein Wechsel von Gefühlen durchkreuzte ihn. Der Forstmeister fragte, ob er nicht glaube, daß die Person, die die Frau Marquise suche, sich finden werde? – Unzweifelhaft! versetzte der Graf, indessen er mit ganzer Seele über dem Papier lag, und den Sinn desselben gierig verschlang. Darauf nachdem er einen Augenblick, während er das Blatt zusammenlegte, an das Fenster getreten war, sagte er: nun ist es gut! nun weiß ich, was ich zu tun habe! kehrte sich sodann um; und fragte den Forstmeister noch, auf eine verbindliche Art, ob man ihn bald wiedersehen werde; empfahl sich ihm, und ging, völlig ausgesöhnt mit seinem Schicksal, fort. –

1 *Ich will nichts wissen*: Die Deutung dieser Textstelle ist in der Forschung umstritten: Ist sie zu verstehen als: „Ich will (davon) nichts hören"? Allerdings fehlt „davon", der Bezug auf den hier wiederholten Antrag des Grafen, anders als S. 43, Z. 9f. Oder will die Marquise nicht wissen, was sie möglicherweise ahnt? Durch Kursivdruck hervorgehoben wird indessen nicht „wissen", sondern „will nichts". Vgl. M 8, S. 89.

2 *Rampe*: hier: flach ansteigende schiefe Ebene, die Garten und Haus verbindet

3 *schrittweis* hier: im Schritttempo

4 *öffentliche Tafel*: frz. „table d'hôte": gemeinsames Essen mit fester Speisenfolge in einer Gaststätte

5 *inzwischen:* hier: jedoch

6 *einrücken:* hier: veröffentlichen, abdrucken

7 *die Schrift durchlaufen:* die Anzeige lesen

Inzwischen waren in dem Hause des Kommandanten die lebhaftesten Auftritte vorgefallen. Die Obristin war über die zerstörende Heftigkeit ihres Gatten und über die Schwäche, mit welcher sie sich, bei der tyrannischen Verstoßung der Tochter, von ihm hatte unterjochen lassen, äußerst erbittert. Sie war, als der Schuß in des Kommandanten Schlafgemach fiel, und die Tochter aus demselben hervorstürzte, in eine Ohnmacht gesunken, aus der sie sich zwar bald wieder erholte; doch der Kommandant hatte, in dem Augenblick ihres Erwachens, weiter nichts gesagt, als, es täte ihm leid, daß sie diesen Schrecken umsonst gehabt, und das abgeschossene Pistol auf einen Tisch geworfen. Nachher, da von der Abforderung[1] der Kinder die Rede war, wagte sie schüchtern, zu erklären, daß man zu einem solchen Schritt kein Recht habe; sie bat mit einer, durch die gehabte Anwandlung[2], schwachen und rührenden Stimme, heftige Auftritte im Hause zu vermeiden; doch der Kommandant erwiderte weiter nichts, als, indem er sich zum Forstmeister wandte, vor Wut schäumend: geh! und schaff sie mir[3]! Als der zweite Brief[4] des Grafen F... ankam, hatte der Kommandant befohlen, daß er nach V... zur Marquise herausgeschickt werden solle, welche ihn, wie man nachher durch den Boten erfuhr, bei Seite gelegt, und gesagt hatte, es wäre gut. Die Obristin, der in der ganzen Begebenheit so vieles, und besonders die Geneigtheit der Marquise, eine neue, ihr ganz gleichgültige Vermählung einzugehen, dunkel[5] war, suchte vergebens, diesen Umstand zur Sprache zu bringen. Der Kommandant bat immer, auf eine Art, die einem Befehle gleich sah, zu schweigen; versicherte, indem er einst, bei einer solchen Gelegenheit, ein Porträt herabnahm, das noch von ihr an der Wand hing, daß er sein Gedächtnis ihrer ganz zu vertilgen[6] wünsche; und meinte, er hätte keine Tochter mehr. Drauf erschien der sonderbare Aufruf der Marquise in den Zeitungen. Die Obristin, die auf das lebhafteste darüber betroffen war, ging mit dem Zeitungsblatt, das sie von dem Kommandanten erhalten hatte, in sein Zimmer, wo sie ihn an einem Tisch arbeitend fand, und fragte ihn, was er in aller Welt davon halte? Der Kommandant sagte, indem er fortschrieb: o! sie ist unschuldig. Wie! rief Frau von G..., mit dem alleräußersten Erstaunen: unschuldig? Sie hat es im Schlaf getan, sagte der Kommandant, ohne aufzusehen. Im Schlafe! versetzte Frau von G... Und ein so ungeheurer Vorfall wäre –? Die Närrin! rief der Kommandant, schob die Papiere über einander, und ging weg.

Am nächsten Zeitungstage las die Obristin, da beide beim Frühstück saßen, in einem Intelligenzblatt, das eben ganz feucht[7] von der Presse kam, folgende Antwort:

1 *Abforderung*: Vgl. S. 30, Anm. 1.
2 *Anwandlung*: Gemeint ist ihre Ohnmacht.
3 *schaff sie mir*: Zu ergänzen wäre: „weg".
4 *zweiter Brief*: Vgl. S. 31, Z. 16.
5 *dunkel*: unklar, unverständlich, vgl. S. 23, Z. 14
6 *Gedächtnis ihrer [...] vertilgen*: Erinnerung an sie auslöschen
7 *feucht*: gerade gedruckt, die Druckerschwärze ist noch nicht trocken

„Wenn die Frau Marquise von O… sich, am 3ten … 11 Uhr morgens, im Hause des Herrn von G…, ihres Vaters, einfinden will: so wird sich derjenige, den sie sucht, ihr daselbst zu Füßen werfen.“ –

Der Obristin verging, ehe sie noch auf die Hälfte dieses unerhörten Artikels gekommen war, die Sprache; sie überflog das Ende, und reichte das Blatt dem Kommandanten dar. Der Obrist durchlas das Blatt dreimal, als ob er seinen eignen Augen nicht traute. Nun sage mir, um des Himmels willen, Lorenzo, rief die Obristin, was hältst du davon? O die Schändliche! versetzte der Kommandant, und stand auf; o die verschmitzte[1] Heuchlerin! Zehnmal die Schamlosigkeit einer Hündin, mit zehnfacher List des Fuchses gepaart, reichen noch an die ihrige nicht! Solch eine Miene! Zwei solche Augen! Ein Cherub[2] hat sie nicht treuer! – und jammerte und konnte sich nicht beruhigen. Aber was in aller Welt, fragte die Obristin, wenn es eine List ist, kann sie damit bezwecken? – Was sie damit bezweckt? Ihre nichtswürdige Betrügerei, mit Gewalt will sie sie durchsetzen, erwiderte der Obrist. Auswendig gelernt ist sie schon, die Fabel, die sie uns beide, sie und er, am Dritten 11 Uhr morgens hier aufbürden[3] wollen. Mein liebes Töchterchen, soll ich sagen, das wußte ich nicht, wer konnte das denken, vergib mir, nimm meinen Segen, und sei wieder gut. Aber die Kugel dem, der am Dritten morgens über meine Schwelle tritt! Es müßte denn schicklicher sein, ihn mir durch Bedienten aus dem Hause zu schaffen. – Frau von G… sagte, nach einer nochmaligen Überlesung des Zeitungsblattes, daß wenn sie, von zwei unbegreiflichen Dingen, einem, Glauben beimessen solle, sie lieber an ein unerhörtes Spiel des Schicksals, als an diese Niederträchtigkeit ihrer sonst so vortrefflichen Tochter glauben wolle. Doch ehe sie noch vollendet hatte, rief der Kommandant schon: tu mir den Gefallen und schweig! und verließ das Zimmer. Es ist mir verhaßt, wenn ich nur davon höre.

Wenige Tage nachher erhielt der Kommandant, in Beziehung auf diesen Zeitungsartikel, einen Brief von der Marquise, in welchem sie ihn, da ihr die Gnade versagt wäre, in seinem Hause erscheinen zu dürfen, auf eine ehrfurchtsvolle und rührende Art bat, denjenigen, der sich am Dritten morgens bei ihm zeigen würde, gefälligst[4] zu ihr nach V… hinauszuschicken. Die Obristin war gerade gegenwärtig, als der Kommandant diesen Brief empfing; und da sie auf seinem Gesicht deutlich bemerkte, daß er in seiner Empfindung irre geworden war[5]: denn welch ein Motiv jetzt, falls es eine Betrügerei war, sollte er ihr unterlegen[6], da sie auf seine Verzeihung gar keine Ansprüche zu machen schien? so rückte sie, dadurch dreist[7] gemacht, mit einem Plan hervor, den sie schon lange, in ihrer von Zweifeln bewegten Brust, mit sich herum getragen hatte. Sie sagte, während der Obrist noch, mit einer nichtssagenden Miene, in das

1 *verschmitzt:* listig
2 *Cherub*: Engel
3 *Fabel […] aufbürden*: erfundene, fantastische Geschichte […] auftischen, aufbinden
4 *gefälligst*: hier: gefälligerweise, freundlicherweise
5 *irre werden:* hier: Zweifel bekommen
6 *unterlegen*: unterstellen
7 *dreist*: hier: kühn, mutig

Papier hineinsah: sie habe einen Einfall. Ob er ihr erlauben wolle, auf einen oder zwei Tage, nach V… hinauszufahren? Sie werde die Marquise, falls sie wirklich denjenigen, der ihr durch die Zeitungen, als ein Unbekannter, geantwortet, schon kenne, in eine Lage zu versetzen wissen, in welcher sich ihre Seele verraten müßte, und wenn sie die abgefeimteste[1] Verräterin wäre. Der Kommandant erwiderte, indem er, mit einer plötzlich heftigen Bewegung, den Brief zerriß: sie wisse, daß er mit ihr nichts zu schaffen haben wolle, und er verbiete ihr, in irgend eine Gemeinschaft mit ihr zu treten. Er siegelte die zerrissenen Stücke ein, schrieb eine Adresse an die Marquise, und gab sie dem Boten, als Antwort, zurück. Die Obristin, durch diesen hartnäckigen Eigensinn, der alle Möglichkeit der Aufklärung vernichtete, heimlich erbittert, beschloß ihren Plan jetzt, gegen seinen Willen, auszuführen. Sie nahm einen von den Jägern[2] des Kommandanten, und fuhr am nächstfolgenden Morgen, da ihr Gemahl noch im Bette lag, mit demselben nach V… hinaus. Als sie am Tore des Landsitzes angekommen war, sagte ihr der Türsteher, daß niemand bei der Frau Marquise vorgelassen würde. Frau von G… antwortete, daß sie von dieser Maßregel unterrichtet wäre, daß er aber gleichwohl nur gehen, und die Obristin von G… bei ihr anmelden möchte. Worauf dieser versetzte, daß dies zu nichts helfen würde, indem die Frau Marquise keinen Menschen auf der Welt spräche. Frau von G… antwortete, daß sie von ihr gesprochen werden würde, indem sie ihre Mutter wäre, und daß er nur nicht länger säumen, und sein Geschäft verrichten möchte. Kaum aber war noch der Türsteher zu diesem, wie er meinte, gleichwohl vergeblichen Versuche ins Haus gegangen, als man schon die Marquise daraus hervortreten, nach dem Tore eilen, und sich auf Knieen vor dem Wagen der Obristin niederstürzen sah. Frau von G… stieg, von ihrem Jäger unterstützt, aus, und hob die Marquise, nicht ohne einige Bewegung, vom Boden auf. Die Marquise drückte sich, von Gefühlen überwältigt, tief auf ihre Hand hinab, und führte sie, indem ihr die Tränen häufig flossen, ehrfurchtsvoll in die Zimmer ihres Hauses. Meine teuerste Mutter! rief sie, nachdem sie ihr den Diwan angewiesen hatte, und noch vor ihr stehen blieb, und sich die Augen trocknete: welch ein glücklicher Zufall ist es, dem ich Ihre, mir unschätzbare Erscheinung verdanke? Frau von G… sagte, indem sie ihre Tochter vertraulich faßte, sie müsse ihr nur sagen, daß sie komme, sie wegen der Härte, mit welcher sie aus dem väterlichen Hause verstoßen worden sei, um Verzeihung zu bitten. Verzeihung! fiel ihr die Marquise ins Wort, und wollte ihre Hände küssen. Doch diese, indem sie den Handkuß vermied, fuhr fort: denn nicht nur, daß die, in den letzten öffentlichen Blättern eingerückte, Antwort auf die bewußte Bekanntmachung, mir sowohl als dem Vater, die Überzeugung von deiner Unschuld gegeben hat; so muß ich dir auch eröffnen, daß er sich selbst schon, zu unserm großen und freudigen Erstaunen, gestern im Hause gezeigt hat. Wer hat sich –? fragte die Marquise, und setzte sich bei ihrer Mutter nieder; – welcher er selbst hat sich gezeigt –? und Erwartung spannte jede ihrer Mienen. Er, erwiderte Frau von G…, der Verfasser jener Antwort, er per-

1 *abgefeimt:* durchtrieben
2 *Jäger:* hier: Bedienstete in Jägertracht

sönlich selbst, an welchen dein Aufruf gerichtet war. – Nun denn, sagte die Marquise, mit unruhig arbeitender[1] Brust: wer ist es? Und noch einmal: wer ist es? – Das, erwiderte Frau von G…, möchte ich dich erraten lassen. Denn denke, daß sich gestern, da wir beim Tee sitzen, und eben das sonderbare Zeitungsblatt lesen, ein Mensch, von unsrer genauesten Bekanntschaft[2], mit Gebärden der Verzweiflung ins Zimmer stürzt, und deinem Vater, und bald darauf auch mir, zu Füßen fällt. Wir, unwissend, was wir davon denken sollen, fordern ihn auf, zu reden. Darauf spricht er: sein Gewissen lasse ihm keine Ruhe; er sei der Schändliche, der die Frau Marquise betrogen, er müsse wissen, wie man sein Verbrechen beurteile, und wenn Rache über ihn verhängt werden solle, so komme er, sich ihr selbst darzubieten. Aber wer? wer? wer? versetzte die Marquise. Wie gesagt, fuhr Frau von G… fort, ein junger, sonst wohlerzogener Mensch, dem wir eine solche Nichtswürdigkeit niemals zugetraut hätten. Doch erschrecken wirst du nicht, meine Tochter, wenn du erfährst, daß er von niedrigem Stande, und von allen Forderungen[3], die man sonst an deinen Gemahl machen dürfte, entblößt[4] ist. Gleichviel, meine vortreffliche Mutter, sagte die Marquise, er kann nicht ganz unwürdig sein, da er sich Ihnen früher als mir, zu Füßen geworfen hat. Aber, wer? wer? Sagen Sie mir nur: wer? Nun denn, versetzte die Mutter, es ist Leopardo[5], der Jäger, den sich der Vater jüngst aus Tirol verschrieb[6], und den ich, wenn du ihn wahrnahmst, schon mitgebracht habe, um ihn dir als Bräutigam vorzustellen. Leopardo, der Jäger! rief die Marquise, und drückte ihre Hand, mit dem Ausdruck der Verzweiflung, vor die Stirn. Was erschreckt dich? fragte die Obristin. Hast du Gründe, daran zu zweifeln? – Wie? Wo? Wann? fragte die Marquise verwirrt. Das, antwortete jene, will er nur dir anvertrauen. Scham und Liebe, meinte er, machten es ihm unmöglich, sich einer andern hierüber zu erklären, als dir. Doch wenn du willst, so öffnen wir das Vorzimmer, wo er, mit klopfendem Herzen, auf den Ausgang wartet; und du magst sehen, ob du ihm sein Geheimnis, indessen ich abtrete, entlockst. – Gott, mein Vater![7] rief die Marquise; ich war einst in der Mittagshitze eingeschlummert, und sah ihn von meinem Diwan gehen, als ich erwachte! – Und damit legte sie ihre kleinen Hände vor ihr in Scham erglühendes Gesicht. Bei diesen Worten sank die Mutter auf Knieen vor ihr nieder. O meine Tochter! rief sie; o du Vortreffliche! und schlug die Arme um sie. Und o ich Nichtswürdige! und verbarg das Antlitz in ihren Schoß. Die Marquise fragte bestürzt: was ist Ihnen, meine Mutter? Denn begreife, fuhr diese fort, o du Reinere als Engel sind,

1 *unruhig arbeitend*: sich vor Aufregung hebend und senkend
2 *von unsrer genauesten Bekanntschaft*: den wir sehr gut kennen
3 *Forderungen*: was man fordern dürfte, Ansprüche
4 *entblößt*: bloß, nackt, den Ansprüchen nicht entsprechend
5 *Leopardo*: Ein „sprechender Name" (elementare Wildheit, primitive Urkraft), allerdings in ironischer Verkehrung, der Rolle entsprechend, die ihm die Obristin in ihrer „schändlichen List" (S. 38, Z. 3) zuschreibt. In Wirklichkeit ist er harmlos.
6 *verschreiben*: hier: schriftlich, durch einen Brief, als Dienstboten verpflichten
7 *Gott, mein Vater!*: Der Ausruf der Marquise deutet zumindest eine Nähe, wenn nicht – für sie – Identität zwischen Gott und ihrem Vater an.

daß von allem, das ich dir sagte, nichts wahr ist; daß meine verderbte Seele an solche Unschuld nicht, als von der du umstrahlt bist, glauben konnte, und daß ich dieser schändlichen List erst bedurfte, um mich davon zu überzeugen. Meine teuerste Mutter, rief die Marquise, und neigte sich voll froher Rührung zu ihr herab, und wollte sie aufheben. Jene versetzte darauf: nein, eher nicht von deinen Füßen weich ich, bis du mir sagst, ob du mir die Niedrigkeit meines Verhaltens, du Herrliche, Überirdische, verzeihen kannst. Ich Ihnen verzeihen, meine Mutter! Stehen Sie auf, rief die Marquise, ich beschwöre Sie – Du hörst, sagte Frau von G…, ich will wissen, ob du mich noch lieben, und so aufrichtig verehren kannst, als sonst? Meine angebetete Mutter! rief die Marquise, und legte sich gleichfalls auf Knieen vor ihr nieder; Ehrfurcht und Liebe sind nie aus meinem Herzen gewichen. Wer konnte mir, unter so unerhörten Umständen, Vertrauen schenken? Wie glücklich bin ich, daß Sie von meiner Unsträflichkeit[1] überzeugt sind! Nun denn, versetzte Frau von G…, indem sie, von ihrer Tochter unterstützt, aufstand: so will ich dich auf Händen tragen, mein liebstes Kind. Du sollst bei mir dein Wochenlager halten; und wären die Verhältnisse so, daß ich einen jungen Fürsten von dir erwartete, mit größerer Zärtlichkeit nicht und Würdigkeit könnt ich dein[2] pflegen. Die Tage meines Lebens nicht mehr von deiner Seite weich ich. Ich biete der ganzen Welt Trotz; ich *will* keine andre Ehre mehr, als deine Schande; wenn du mir nur wieder gut wirst, und der Härte nicht, mit welcher ich dich verstieß, mehr gedenkst. Die Marquise suchte sie mit Liebkosungen und Beschwörungen ohne Ende zu trösten; doch der Abend kam heran, und Mitternacht schlug, ehe es ihr gelang. Am folgenden Tage, da sich der Affekt[3] der alten Dame, der ihr während der Nacht eine Fieberhitze zugezogen hatte, ein wenig gelegt hatte, fuhren Mutter und Tochter und Enkel, wie im Triumph, wieder nach M… zurück. Sie waren äußerst vergnügt auf der Reise, scherzten über Leopardo, den Jäger, der vorn auf dem Bock saß; und die Mutter sagte zur Marquise, sie bemerke, daß sie rot würde, so oft sie seinen breiten Rücken ansähe. Die Marquise antwortete, mit einer Regung, die halb ein Seufzer, halb ein Lächeln war: wer weiß, wer zuletzt noch am Dritten 11 Uhr morgens bei uns erscheint! – Drauf, je mehr man sich M… näherte, je ernsthafter stimmten sich wieder die Gemüter, in der Vorahndung entscheidender Auftritte, die ihnen noch bevorstanden. Frau von G…, die sich von ihren Plänen nichts merken ließ, führte ihre Tochter, da sie vor dem Hause ausgestiegen waren, wieder in ihre alten Zimmer ein; sagte, sie möchte es sich nur bequem machen, sie würde gleich wieder bei ihr sein, und schlüpfte ab. Nach einer Stunde kam sie mit einem ganz erhitzten Gesicht wieder. Nein, solch ein Thomas[4]! sprach sie mit heimlich vergnügter Seele; solch ein ungläubiger Thomas! Hab ich nicht eine Seigerstunde[5] gebraucht, ihn zu überzeugen. Aber nun sitzt er, und weint. Wer? fragte die Marquise. Er, antwortete die Mutter. Wer sonst, als wer die größte Ursache

1 *Unsträflichkeit*: Untadeligkeit, Unschuld
2 *dein*: deiner; veraltet für: dich
3 *Affekt*: heftige Erregung
4 *Thomas*: ungläubiger Thomas, vgl. Joh. 20, 24–29
5 *Seigerstunde*: volle Stunde; „Seiger“: Uhr

dazu hat. Der Vater doch nicht? rief die Marquise. Wie ein Kind, erwiderte die Mutter; daß ich, wenn ich mir nicht selbst hätte die Tränen aus den Augen wischen müssen, gelacht hätte, so wie ich nur aus der Türe heraus war. Und das wegen meiner? fragte die Marquise, und stand auf; und ich sollte hier –? Nicht von der Stelle! sagte Frau von G... Warum diktierte er mir den Brief[1]! Hier sucht er *dich* auf, wenn er *mich*, so lange ich lebe, wiederfinden will. Meine teuerste Mutter, flehte die Marquise – Unerbittlich! fiel ihr die Obristin ins Wort. Warum griff er nach der Pistole. – Aber ich beschwöre Sie – Du *sollst* nicht, versetzte Frau von G..., indem sie die Tochter wieder auf ihren Sessel niederdrückte. Und wenn er nicht heut vor Abend noch kommt, zieh ich morgen mit dir weiter. Die Marquise nannte dies Verfahren hart und ungerecht. Doch die Mutter erwiderte: Beruhige dich – denn eben hörte sie jemand von weitem heranschluchzen: er kömmt schon! Wo? fragte die Marquise, und horchte. Ist wer hier draußen vor der Tür; dies heftige –? Allerdings, versetzte Frau von G... Er will, daß wir ihm die Türe öffnen. Lassen Sie mich! rief die Marquise, und riß sich vom Stuhl empor. Doch: wenn du mir gut bist, Julietta, versetzte die Obristin, so bleib; und in dem Augenblick trat auch der Kommandant schon, das Tuch[2] vor das Gesicht haltend, ein. Die Mutter stellte sich breit vor ihre Tochter, und kehrte ihm den Rücken zu. Mein teuerster Vater! rief die Marquise, und streckte ihre Arme nach ihm aus. Nicht von der Stelle, sagte Frau von G..., du hörst! Der Kommandant stand in der Stube und weinte. Er soll dir abbitten[3], fuhr Frau von G... fort. Warum ist er so heftig! Und warum ist er so hartnäckig! Ich liebe ihn, aber dich auch; ich ehre ihn, aber dich auch. Und muß ich eine Wahl treffen, so bist du vortrefflicher, als er, und ich bleibe bei dir. Der Kommandant beugte sich ganz krumm, und heulte, daß die Wände erschallten. Aber mein Gott! rief die Marquise, gab der Mutter plötzlich nach, und nahm ihr Tuch, ihre eigenen Tränen fließen zu lassen. Frau von G... sagte: – er kann nur nicht sprechen! und wich ein wenig zur Seite aus. Hierauf erhob sich die Marquise, umarmte den Kommandanten, und bat ihn, sich zu beruhigen. Sie weinte selbst heftig. Sie fragte ihn, ob er sich nicht setzen wolle? sie wollte ihn auf einen Sessel niederziehen; sie schob ihm einen Sessel hin, damit er sich darauf setze: doch er antwortete nicht; er war nicht von der Stelle zu bringen; er setzte sich auch nicht, und stand bloß, das Gesicht tief zur Erde gebeugt, und weinte. Die Marquise sagte, indem sie ihn aufrecht hielt, halb zur Mutter gewandt: er werde krank werden; die Mutter selbst schien, da er sich ganz konvulsivisch[4] gebärdete, ihre Standhaftigkeit verlieren zu wollen. Doch da der Kommandant sich endlich, auf die wiederholten Anforderungen der Tochter, niedergesetzt hatte, und diese ihm, mit unendlichen Liebkosungen, zu Füßen gesunken war: so nahm sie wieder das Wort, sagte, es geschehe ihm ganz recht, er werde nun wohl zur Vernunft kommen, entfernte sich aus dem Zimmer, und ließ sie allein.

1 *diktierte [...] den Brief*: Vgl. S. 29, Z. 12 f.
2 *Tuch*: Taschentuch
3 *abbitten*: Abbitte leisten, um Verzeihung bitten
4 *konvulsivisch*: krampfartig, im Krampf zuckend

Sobald sie draußen war, wischte sie sich selbst die Tränen ab, dachte, ob ihm die heftige Erschütterung, in welche sie ihn versetzt hatte, nicht doch gefährlich sein könnte, und ob es wohl ratsam sei, einen Arzt rufen zu lassen? Sie kochte ihm für den Abend alles, was sie nur Stärkendes und Beruhigendes aufzutreiben wußte, in der Küche zusammen, bereitete und wärmte ihm das Bett, um ihn sogleich hineinzulegen, sobald er nur, an der Hand der Tochter, erscheinen würde, und schlich, da er immer noch nicht kam, und schon die Abendtafel gedeckt war, dem Zimmer der Marquise zu, um doch zu hören, was sich zutrage? Sie vernahm, da sie mit sanft an die Tür gelegtem Ohr horchte, ein leises, eben verhallendes Gelispel, das, wie es ihr schien, von der Marquise kam; und, wie sie durchs Schlüsselloch bemerkte[1], saß sie auch auf des Kommandanten Schoß, was er sonst in seinem Leben nicht zugegeben hatte. Drauf endlich öffnete sie die Tür, und sah nun – und das Herz quoll ihr vor Freuden empor: die Tochter still, mit zurückgebeugtem Nacken, die Augen fest geschlossen, in des Vaters Armen liegen; indessen dieser, auf dem Lehnstuhl sitzend, lange, heiße und lechzende Küsse, das große Auge voll glänzender Tränen, auf ihren Mund drückte: gerade wie ein Verliebter! Die Tochter sprach nicht, er sprach nicht; mit über sie gebeugtem Antlitz saß er, wie über das Mädchen seiner ersten Liebe, und legte ihr den Mund zurecht, und küßte sie. Die Mutter fühlte sich, wie eine Selige; ungesehen, wie sie hinter seinem Stuhle stand, säumte sie, die Lust der himmelfrohen Versöhnung, die ihrem Hause wieder geworden war, zu stören. Sie nahte sich dem Vater endlich, und sah ihn, da er eben wieder mit Fingern und Lippen in unsäglicher Lust über den[2] Mund seiner Tochter beschäftigt war, sich um den Stuhl herumbeugend, von der Seite an. Der Kommandant schlug, bei ihrem Anblick, das Gesicht schon wieder ganz kraus nieder, und wollte etwas sagen; doch sie rief: o was für ein Gesicht ist das! küßte es jetzt auch ihrerseits in Ordnung[3], und machte der Rührung durch Scherzen ein Ende. Sie lud und führte beide, die wie Brautleute gingen, zur Abendtafel, an welcher der Kommandant zwar sehr heiter war, aber noch von Zeit zu Zeit schluchzte, wenig aß und sprach, auf den Teller niedersah, und mit der Hand seiner Tochter spielte.

Nun galt es, beim Anbruch des nächsten Tages, die Frage[4]: wer nur, in aller Welt, morgen um 11 Uhr sich zeigen würde; denn morgen war der gefürchtete Dritte. Vater und Mutter, und auch der Bruder, der sich mit seiner Versöhnung eingefunden hatte, stimmten unbedingt, falls die Person nur von einiger Erträglichkeit sein würde,

1 *wie sie durchs Schlüsselloch bemerkte*: Aus dieser Perspektive der Mutter vermittelt Kleist dem Leser die erotisch aufgeladene Versöhnungsszene zwischen Vater und Tochter, deren Vorbild er bei Rousseau fand (vgl. dazu M 2). Die Sicht der Marquise und des Kommandanten wird nicht einmal in Andeutungen mitgeteilt.

2 *über den Mund:* mit dem Mund

3 *küßte es jetzt auch ihrerseits in Ordnung*: Durch die Küsse der Mutter wird, so scheint es, die Ordnung wiederhergestellt. Sie entspricht allerdings nicht den konventionellen Vorstellungen von Familienordnung. Auch die Mutter küsst – „ihrerseits“ – die Tochter, nicht den Vater, ihren Gatten, wie der Text zunächst nahezulegen scheint (Z. 23 f.).

4 *galt es […] die Frage*: ging es um die Frage

für Vermählung; alles, was nur immer möglich war, sollte geschehen, um die Lage der Marquise glücklich zu machen. Sollten die Verhältnisse derselben[1] jedoch so beschaffen sein, daß sie selbst dann, wenn man ihnen durch Begünstigungen zu Hülfe käme, zu weit hinter den Verhältnissen der Marquise zurückblieben, so widersetzten sich die Eltern der Heirat; sie beschlossen, die Marquise nach wie vor bei sich zu behalten, und das Kind zu adoptieren[2]. Die Marquise hingegen schien willens, in jedem Falle, wenn die Person nur nicht ruchlos wäre, ihr gegebenes Wort in Erfüllung zu bringen, und dem Kinde, es koste was es wolle, einen Vater zu verschaffen. Am Abend fragte die Mutter, wie es denn mit dem Empfang der Person gehalten werden solle? Der Kommandant meinte, daß es am schicklichsten sein würde, wenn man die Marquise um 11 Uhr allein ließe. Die Marquise hingegen bestand darauf, daß beide Eltern, und auch der Bruder, gegenwärtig sein möchten, indem sie keine Art des Geheimnisses mit dieser Person zu teilen haben wolle. Auch meinte sie, daß dieser Wunsch sogar in der Antwort derselben, dadurch, daß sie das Haus des Kommandanten zur Zusammenkunft vorgeschlagen, ausgedrückt scheine; ein Umstand, um dessentwillen ihr gerade diese Antwort, wie sie frei gestehen müsse, sehr gefallen habe. Die Mutter bemerkte die Unschicklichkeit der Rollen, die der Vater und der Bruder dabei zu spielen haben würden, bat die Tochter, die Entfernung der Männer zuzulassen, wogegen sie in ihren Wunsch willigen, und bei dem Empfang der Person gegenwärtig sein wolle. Nach einer kurzen Besinnung der Tochter ward dieser letzte Vorschlag endlich angenommen. Drauf nun erschien, nach einer, unter den gespanntesten Erwartungen zugebrachten, Nacht der Morgen des gefürchteten Dritten. Als die Glocke eilf[3] Uhr schlug, saßen beide Frauen, festlich, wie zur Verlobung angekleidet, im Besuchzimmer; das Herz klopfte ihnen, daß man es gehört haben würde, wenn das Geräusch des Tages geschwiegen hätte. Der eilfte Glockenschlag summte noch, als Leopardo, der Jäger, eintrat, den der Vater aus Tirol verschrieben hatte. Die Weiber erblaßten bei diesem Anblick. Der Graf F..., sprach er, ist vorgefahren, und läßt sich anmelden. Der Graf F...! riefen beide zugleich, von einer Art der Bestürzung in die andre geworfen. Die Marquise rief: Verschließt die Türen! Wir sind für ihn nicht zu Hause; stand auf, das Zimmer gleich selbst zu verriegeln, und wollte eben den Jäger, der ihr im Wege stand, hinausdrängen, als der Graf schon, in genau demselben Kriegsrock, mit Orden und Waffen, wie er sie bei der Eroberung des Forts getragen hatte, zu ihr eintrat. Die Marquise glaubte vor Verwirrung in die Erde zu sinken; sie griff nach einem Tuch, das sie auf dem Stuhl hatte liegen lassen, und wollte eben in ein Seitenzimmer entfliehn; doch Frau von G..., indem sie die Hand derselben ergriff, rief: Julietta –! und wie erstickt von Gedanken, ging ihr die Sprache aus. Sie heftete die Augen fest auf den Grafen und wiederholte: ich bitte dich, Julietta! indem sie sie nach sich[4] zog: wen erwarten wir denn –? Die Marquise rief, indem

1 *derselben*: der „Person" (S. 40, Z. 33)

2 *adoptieren*: Auf diese Weise bekäme das Kind einen Vater und wäre nicht mehr mit dem Makel der unehelichen Geburt behaftet.

3 *eilf*: elf

4 *nach sich*: zu sich hin

sie sich plötzlich wandte: nun? doch ihn nicht –? und schlug mit einem Blick funkelnd, wie ein Wetterstrahl[1], auf ihn ein, indessen Blässe des Todes ihr Antlitz überflog. Der Graf hatte ein Knie vor ihr gesenkt; die rechte Hand lag auf seinem Herzen, das Haupt sanft auf seine Brust gebeugt, lag[2] er, und blickte hochglühend vor sich nieder, und schwieg. Wen sonst, rief die Obristin mit beklemmter Stimme, wen sonst, wir Sinnberaubten[3], als ihn –? Die Marquise stand starr über ihm, und sagte: ich werde wahnsinnig werden, meine Mutter! Du Törin, erwiderte die Mutter, zog sie zu sich, und flüsterte ihr etwas in das Ohr. Die Marquise wandte sich, und stürzte, beide Hände vor das Gesicht, auf den Sofa nieder. Die Mutter rief: Unglückliche! Was fehlt dir? Was ist geschehn, worauf du nicht vorbereitet warst? – Der Graf wich nicht von der Seite der Obristin; er faßte, immer noch auf seinen Knieen liegend, den äußersten Saum ihres Kleides, und küßte ihn. Liebe! Gnädige! Verehrungswürdigste! flüsterte er: eine Träne rollte ihm die Wangen herab. Die Obristin sagte: stehn Sie auf, Herr Graf, stehn Sie auf! Trösten Sie jene; so sind wir alle versöhnt, so ist alles vergeben und vergessen. Der Graf erhob sich weinend. Er ließ sich von neuem vor der Marquise nieder, er faßte leise ihre Hand, als ob sie von Gold wäre, und der Duft[4] der seinigen sie trüben[5] könnte. Doch diese –: gehn Sie! gehn Sie! gehn Sie! rief sie, indem sie aufstand; auf einen Lasterhaften war ich gefaßt, aber auf keinen – – – Teufel! öffnete, indem sie ihm dabei, gleich einem Pestvergifteten, auswich, die Tür des Zimmers, und sagte: ruft den Obristen! Julietta! rief die Obristin mit Erstaunen. Die Marquise blickte, mit tötender Wildheit, bald auf den Grafen, bald auf die Mutter ein; ihre Brust flog[6], ihr Antlitz loderte: eine Furie[7] blickt nicht schrecklicher. Der Obrist und der Forstmeister kamen. Diesem Mann, Vater, sprach sie, als jene noch unter dem Eingang waren, kann ich mich nicht vermählen! griff in ein Gefäß mit Weihwasser, das an der hinteren Tür befestigt war, besprengte[8], in einem großen Wurf, Vater und Mutter und Bruder damit, und verschwand.

Der Kommandant, von dieser seltsamen Erscheinung[9] betroffen, fragte, was vorgefallen sei; und erblaßte, da er, in diesem entscheidenden Augenblick, den Grafen F… im Zimmer erblickte. Die Mutter nahm den Grafen bei der Hand und sagte: frage nicht; dieser junge Mann bereut von Herzen alles, was geschehen ist; gib deinen Segen, gib, gib: so wird sich alles noch glücklich endigen. Der Graf stand wie vernichtet. Der Kommandant legte seine Hand auf ihn; seine Augenwimpern zuckten, seine Lippen waren weiß, wie Kreide. Möge der Fluch des Himmels von diesen

1 *Wetterstrahl*: Gewitterstrahl, Blitz
2 *lag*: kniete. Vgl. „auf seinen Knieen liegend" (Z. 11).
3 *Sinnberaubten*: Sinn: Wahrnehmungsfähigkeit, Verstand
4 *Duft*: Geruch
5 *trüben*: trübe machen, verunreinigen
6 *ihre Brust flog*: bewegte sich schnell auf und nieder
7 *Furie*: Rachegöttin
8 *besprengte*: Das Besprengen mit Weihwasser soll vor dem „Teufel" (Z. 18) schützen.
9 *Erscheinung*: Vorgang

Scheiteln[1] weichen! rief er: wann gedenken Sie zu heiraten? – Morgen, antwortete die Mutter für ihn, denn er konnte kein Wort hervorbringen, morgen oder heute, wie du willst; dem Herrn Grafen, der so viel schöne Beeiferung gezeigt hat, sein Vergehen wieder gut zu machen, wird immer die nächste Stunde die liebste sein. – So habe ich das Vergnügen, Sie morgen um 11 Uhr in der Augustinerkirche zu finden! sagte der Kommandant; verneigte sich gegen ihn, rief Frau und Sohn ab, um sich in das Zimmer der Marquise zu verfügen, und ließ ihn stehen.

Man bemühte sich vergebens, von der Marquise den Grund ihres sonderbaren Betragens zu erfahren; sie lag im heftigsten Fieber, wollte durchaus von Vermählung nichts wissen, und bat, sie allein zu lassen. Auf die Frage: warum sie denn ihren Entschluß plötzlich geändert habe? und was ihr den Grafen gehässiger[2] mache, als einen andern? sah sie den Vater mit großen Augen zerstreut an, und antwortete nichts. Die Obristin sprach: ob sie vergessen habe, daß sie Mutter sei? worauf sie erwiderte, daß sie, in diesem Falle, mehr an sich, als ihr Kind, denken müsse, und nochmals, indem sie alle Engel und Heiligen zu Zeugen anrief, versicherte, daß sie nicht heiraten würde. Der Vater, der sie offenbar in einem überreizten Gemütszustande sah, erklärte, daß sie ihr Wort halten müsse; verließ sie, und ordnete alles, nach gehöriger schriftlicher Rücksprache mit dem Grafen, zur Vermählung an. Er legte demselben einen Heiratskontrakt[3] vor, in welchem dieser auf alle Rechte eines Gemahls Verzicht tat, dagegen sich zu allen Pflichten, die man von ihm fordern würde, verstehen[4] sollte. Der Graf sandte das Blatt, ganz von Tränen durchfeuchtet[5], mit seiner Unterschrift zurück. Als der Kommandant am andern Morgen der Marquise dieses Papier überreichte, hatten sich ihre Geister ein wenig beruhigt. Sie durchlas es, noch im Bette sitzend, mehrere Male, legte es sinnend zusammen, öffnete es, und durchlas es wieder; und erklärte hierauf, daß sie sich um 11 Uhr in der Augustinerkirche einfinden würde. Sie stand auf, zog sich, ohne ein Wort zu sprechen, an, stieg, als die Glocke schlug, mit allen Ihrigen in den Wagen, und fuhr dahin ab.

Erst an dem Portal der Kirche war es dem Grafen erlaubt, sich an die Familie anzuschließen. Die Marquise sah, während der Feierlichkeit, starr auf das Altarbild; nicht ein flüchtiger Blick ward dem Manne zuteil, mit welchem sie die Ringe wechselte. Der Graf bot ihr, als die Trauung vorüber war, den Arm; doch sobald sie wieder aus der Kirche heraus waren, verneigte sich die Gräfin[6] vor ihm: der Kommandant fragte, ob er die Ehre haben würde, ihn zuweilen in den Gemächern seiner Tochter zu sehen, worauf der Graf etwas stammelte, das niemand verstand, den Hut vor der Gesellschaft abnahm, und verschwand. Er bezog eine Wohnung in M…, in welcher er mehrere Monate zubrachte, ohne auch nur den Fuß in des Kommandanten Haus zu setzen, bei welchem die Gräfin zurückgeblieben war. Nur seinem zarten, würdi-

1 *Scheitel:* Kopf
2 *gehässig:* hier: hassenswert, verhasst
3 *Heiratskontrakt*: Heiratsvertrag
4 *sich verstehen*: sich bereiterklären
5 *von Tränen durchfeuchtet*: Vgl. S. 29, Z. 12.
6 *Gräfin*: Durch die Eheschließung erhält die Marquise Rang und Titel ihres Gatten.

gen und völlig musterhaften Betragen überall, wo er mit der Familie in irgend eine Berührung kam, hatte er es zu verdanken, daß er, nach der nunmehr erfolgten Entbindung der Gräfin von einem jungen Sohne, zur Taufe desselben eingeladen ward. Die Gräfin, die, mit Teppichen[1] bedeckt, auf dem Wochenbette saß, sah ihn nur auf einen Augenblick, da er unter die Tür trat, und sie von weitem ehrfurchtsvoll grüßte. Er warf unter den Geschenken, womit die Gäste den Neugebornen bewillkommten, zwei Papiere auf die Wiege desselben, deren eines, wie sich nach seiner Entfernung[2] auswies, eine Schenkung von 20 000 Rubel an den Knaben, und das andere ein Testament war, in dem er die Mutter, falls er stürbe, zur Erbin seines ganzen Vermögens einsetzte. Von diesem Tage an ward er, auf Veranstaltung[3] der Frau von G..., öfter eingeladen; das Haus stand seinem Eintritt offen, es verging bald kein Abend, da er sich nicht darin gezeigt hätte. Er fing, da sein Gefühl ihm sagte, daß ihm von allen Seiten, um der gebrechlichen[4] Einrichtung der Welt willen, verziehen sei, seine Bewerbung um die Gräfin, seine Gemahlin, von neuem an, erhielt, nach Verlauf eines Jahres, ein zweites Jawort von ihr, und auch eine zweite Hochzeit ward gefeiert, froher, als die erste, nach deren Abschluß die ganze Familie nach V... hinauszog. Eine ganze Reihe von jungen Russen folgte jetzt noch dem ersten; und da der Graf, in einer glücklichen Stunde, seine Frau einst fragte, warum sie, an jenem fürchterlichen Dritten, da sie auf jeden Lasterhaften gefaßt schien, vor ihm, gleich einem Teufel, geflohen wäre, antwortete sie, indem sie ihm um den Hals fiel: er würde ihr damals nicht wie ein Teufel erschienen sein, wenn er ihr nicht, bei seiner ersten Erscheinung, wie ein Engel vorgekommen wäre[5].

1 *Teppich*: hier: Zierdecke mit aufgestickten oder eingewebten Mustern, Bildern und Farben

2 *nach seiner Entfernung:* nachdem er sich entfernt hatte

3 *Veranstaltung*: Veranlassung

4 *gebrechlich*: mit Gebrechen (Schäden, Fehlern) behaftet. Kleists berühmtes Diktum von der „gebrechlichen Einrichtung der Welt" findet sich auch in seiner Erzählung *Michael Kohlhaas* (vgl. Klassische Schullektüre, S. 18, Z. 11 f.).

5 *er würde [...] vorgekommen wäre*: Vgl. S. 13, Z. 25.

# Das Erdbeben in Chili[1]

In St. Jago[2], der Hauptstadt des Königreichs Chili[3], stand gerade in dem Augenblicke der großen Erderschütterung vom Jahre 1647, bei welcher viele tausend Menschen ihren Untergang fanden, ein junger, auf ein Verbrechen[4] angeklagter Spanier, namens *Jeronimo Rugera*, an einem Pfeiler des Gefängnisses, in welches man ihn eingesperrt hatte, und wollte sich erhenken[5]. *Don[6] Henrico Asteron*, einer der reichsten Edelleute der Stadt, hatte ihn ungefähr ein Jahr zuvor aus seinem Hause, wo er als Lehrer angestellt war, entfernt, weil er sich mit *Donna Josephe*, seiner einzigen Tochter, in einem zärtlichen Einverständnis[7] befunden hatte. Eine geheime Bestellung[8], die dem alten Don, nachdem er die Tochter nachdrücklich gewarnt hatte, durch die hämische Aufmerksamkeit seines stolzen Sohnes verraten worden war, entrüstete ihn dergestalt, daß er sie in dem Karmeliterkloster unsrer lieben Frauen vom Berge[9] daselbst unterbrachte.

Durch einen glücklichen Zufall[10] hatte Jeronimo hier die Verbindung von neuem anzuknüpfen gewußt, und in einer verschwiegenen Nacht den Klostergarten zum

1 *Chili*: frühere Schreibung von Chile.
Der Erstdruck von Kleists Erzählung erschien im September 1807 im „Morgenblatt für gebildete Stände“ unter dem Titel *Jeronimo und Josephe. Eine Scene aus dem Erdbeben zu Chili, vom Jahre 1647.* Die endgültige Fassung in der Buchausgabe der *Erzählungen, Band I*, von 1810 trägt den Titel *Das Erdbeben in Chili.* Ihr folgt der vorliegende Text, behält aber der Übersichtlichkeit wegen die Unterteilung in zahlreiche Absätze bei, die der Erstdruck bietet. Die Buchausgabe rückt sie zu drei großen Teilen zusammen, die der Grobstruktur der Erzählung entsprechen. Auf sie wird in den Anmerkungen hingewiesen.

2 *St. Jago*: Santiago (de Chile)

3 *Königreich Chili*: Im 16. Jh. von Spanien erobert, war Chile bis Anfang des 19. Jh.s spanische Kolonie, hatte den Status eines Generalkapitanats, an dessen Spitze ein Generalkapitän als Statthalter des Königs von Spanien stand und das dem Vizekönig von Peru unterstellt war. Chiles Generalkapitän führte die Regierungsgeschäfte wegen der weiten Entfernung von Peru relativ eigenständig und galt als eine Art Vizekönig. Vgl. Appelt/Grathoff, S. 8.

4 *auf ein Verbrechen*: wegen eines Verbrechens. Das „Verbrechen“ wird in der Erzählung nicht genannt, ist ihr aber zu entnehmen: „Unzucht mit Abhängigen“, Müller-Salget, S. 814; vgl. Anm. 7.

5 *sich erhenken*: sich erhängen (nur bei Selbstmord gebraucht)

6 *Don*: Herr, spanischer Adelstitel; weibliche Form: „Donna“ (Z. 7)

7 *in einem zärtlichen Einverständnis:* Die Liebe zwischen einem bürgerlichen Hauslehrer und der adligen Tochter des Hauses ist ein verbreitetes literarisches Motiv. Vgl. Rousseaus Briefroman *Julie ou la nouvelle Héloise* (M 2) und die Liebesgeschichte von Abaelard und Heloise, auf die der Titel anspielt.

8 *geheime Bestellung*: heimliche Nachricht, Verabredung zu einem Stelldichein

9 *Karmeliterkloster unsrer lieben Frauen vom Berge*: In Santiago gab es am Berg St. Lucien ein Marien-Kloster („unsrer lieben Frauen“) des Karmeliterordens, eines streng kontemplativ lebenden, der inneren Sammlung und religiösen Versenkung zugewandten Bettlerordens.

10 *Durch […] Zufall*: Dieser Absatz wie die meisten folgenden Absatzmarkierungen finden sich nur im Erstdruck (vgl. Anm. 1).

Schauplatze seines vollen Glückes gemacht. Es war am Fronleichnamsfeste[1], und die feierliche Prozession der Nonnen, welchen die Novizen[2] folgten, nahm eben ihren Anfang, als die unglückliche Josephe, bei dem Anklange der Glocken, in Mutterwehen auf den Stufen der Kathedrale niedersank.

Dieser Vorfall machte außerordentliches Aufsehn; man brachte die junge Sünderin, ohne Rücksicht auf ihren Zustand, sogleich in ein Gefängnis, und kaum war sie aus den Wochen[3] erstanden, als ihr schon, auf Befehl des Erzbischofs, der geschärfteste Prozeß[4] gemacht ward. Man sprach in der Stadt mit einer so großen Erbitterung von diesem Skandal, und die Zungen fielen so scharf über das ganze Kloster her, in welchem er sich zugetragen hatte, daß weder die Fürbitte der Familie Asteron, noch auch sogar der Wunsch der Äbtissin[5] selbst, welche das junge Mädchen wegen ihres sonst untadelhaften Betragens lieb gewonnen hatte, die Strenge, mit welcher das klösterliche Gesetz sie bedrohte[6], mildern konnte. Alles, was geschehen konnte, war, daß der Feuertod[7], zu dem sie verurteilt wurde, zur großen Entrüstung der Matronen[8] und Jungfrauen von St. Jago, durch einen Machtspruch des Vizekönigs[9], in eine Enthauptung verwandelt[10] ward.

Man vermietete in den Straßen, durch welche der Hinrichtungszug gehen sollte, die Fenster, man trug die Dächer der Häuser ab, und die frommen Töchter der Stadt luden ihre Freundinnen ein, um dem Schauspiele, das der göttlichen Rache[11] gegeben wurde, an ihrer schwesterlichen Seite beizuwohnen.

1 *Fronleichnam*: der Leib des Herrn: der in der geweihten Hostie (Oblate) gegenwärtige, in die Hostie verwandelte Leib Jesu. *Fronleichnamsfest:* einer der höchsten katholischen Feiertage am 2. Donnerstag nach Pfingsten. Kleist ging es bei der Wahl des historisch nicht genau mit dem Erdbeben zusammenfallenden Tages „wohl insbesondere um die ironische Korrespondenz zwischen der Geburt von Josephes Sohn, des Kindes der Sünde, und dem Fest zur Verherrlichung der Leibwerdung" Jesu (Appelt/Grathoff, S. 11).

2 *Novize:* „Neuling" während der Probezeit im Kloster vor der Ablegung der Ordensgelübde

3 *aus den Wochen*: aus dem Wochenbett, vgl. S. 27, Anm. 2

4 *der geschärfteste Prozess*: existiert in dieser Form nicht als juristisches Verfahren; ein „geschärfter Prozess": unter Anwendung der Folter

5 *Äbtissin*: Vorsteherin eines Nonnenklosters

6 *Strenge […] klösterliche Gesetz sie bedrohte*: Josephes Verstoß gegen das Keuschheitsgebot war nicht als solcher mit der Todesstrafe bedroht. Strafverschärfend wirkten die als Skandal empfundenen Geburtswehen in der Öffentlichkeit am Fronleichnamstag.

7 *Feuertod*: öffentliche Verbrennung (Autodafé), eine gängige Strafe etwa für Ketzerei, Unzucht, Ehebruch (Josephes Bruch ihres Gelübdes als Braut Christi)

8 *Matrone*: ältere, verheiratete oder verwitwete Frau

9 *Vizekönigs*: Vgl. S. 45, Anm. 3.

10 *in eine Enthauptung verwandelt*: Diese Verwandlung stellt einen Gnadenakt dar, denn die Enthauptung statt des qualvollen Verbrennungstodes galt als die mildere und weniger schmachvolle Hinrichtungsart.

11 *göttliche Rache*: aus der Sicht der bigotten (von übertriebenem, scheinheiligem Glaubenseifer geprägten) Gesellschaft, orientiert am Bild des alttestamentarischen, strafenden und rächenden Gottes

Jeronimo, der inzwischen auch in ein Gefängnis gesetzt worden war, wollte die Besinnung verlieren, als er diese ungeheure Wendung der Dinge erfuhr. Vergebens sann er auf Rettung: überall, wohin ihn auch der Fittig[1] der vermessensten Gedanken trug, stieß er auf Riegel und Mauern, und ein Versuch, die Gitterfenster zu durchfeilen, zog ihm, da er entdeckt ward, eine nur noch engere Einsperrung zu. Er warf sich vor dem Bildnisse der heiligen Mutter Gottes nieder, und betete mit unendlicher Inbrunst zu ihr, als der einzigen, von der ihm jetzt noch Rettung kommen könnte.

Doch der gefürchtete Tag erschien, und mit ihm in seiner Brust die Überzeugung von der völligen Hoffnungslosigkeit seiner Lage. Die Glocken, welche Josephen zum Richtplatze begleiteten, ertönten, und Verzweiflung bemächtigte sich seiner Seele. Das Leben schien ihm verhaßt, und er beschloß, sich durch einen Strick, den ihm der Zufall gelassen hatte, den Tod zu geben. Eben stand er, wie schon gesagt[2], an einem Wandpfeiler und befestigte den Strick, der ihn dieser jammervollen Welt entreißen sollte, an eine Eisenklammer, die an dem Gesimse[3] derselben[4] eingefugt war; als plötzlich der größte Teil der Stadt, mit einem Gekrache, als ob[5] das Firmament einstürzte, versank, und alles, was Leben atmete, unter seinen Trümmern begrub. Jeronimo Rugera war starr vor Entsetzen; und gleich als ob sein ganzes Bewußtsein zerschmettert worden wäre, hielt er sich jetzt an dem Pfeiler, an welchem er hatte sterben wollen, um nicht umzufallen. Der Boden wankte unter seinen Füßen, alle Wände des Gefängnisses rissen, der ganze Bau neigte sich, nach der Straße zu einzustürzen, und nur der, seinem langsamen Fall begegnende, Fall des gegenüberstehenden Gebäudes verhinderte, durch eine zufällige Wölbung, die gänzliche Zubodenstreckung desselben. Zitternd, mit sträubenden Haaren, und Knieen, die unter ihm brechen wollten, glitt Jeronimo über den schiefgesenkten Fußboden hinweg, der Öffnung zu, die der Zusammenschlag beider Häuser in die vordere Wand des Gefängnisses eingerissen hatte.

Kaum befand er sich im Freien, als die ganze, schon erschütterte Straße auf eine zweite Bewegung der Erde völlig zusammenfiel. Besinnungslos[6], wie er sich aus diesem allgemeinen Verderben retten würde, eilte er, über Schutt und Gebälk hinweg, indessen der Tod von allen Seiten Angriffe auf ihn machte, nach einem der nächsten Tore der Stadt. Hier[7] stürzte noch ein Haus zusammen, und jagte ihn, die Trümmer weit umherschleudernd, in eine Nebenstraße; hier leckte die Flamme schon, in Dampfwolken blitzend, aus allen Giebeln, und trieb ihn schreckenvoll in eine ande-

1 *Fittig*: Fittich, Flügel
2 *wie schon gesagt*: einer der sehr seltenen Eingriffe des Erzählers, der die Rückblende des Erzählanfangs beendet
3 *Gesimse*: Mauervorsprung, oberer Rand des „Wandpfeilers"
4 *derselben*: desselben, bezogen auf „Wandpfeilers"
5 *als ob*: Die ständig wiederkehrende „als ob"-Formel ist als eine Art Leitmotiv von zentraler Bedeutung für die Erzählstruktur. Vgl. M 7.
6 *besinnungslos*: ohne sich zu besinnen, zu überlegen, vgl. S. 13, Z. 14 f.
7 *Hier […]:* Mithilfe der rhetorischen Figur der Anapher (Wiederholung des gleichen Wortes am Satzanfang) macht Kleist den Charakter der dargestellten Situation anschaulich.

re; hier wälzte sich, aus seinem Gestade gehoben, der Mapachofluß[1] auf ihn heran, und riß ihn brüllend in eine dritte. Hier lag ein Haufen Erschlagener, hier ächzte noch eine Stimme unter dem Schutte, hier schrieen Leute von brennenden Dächern herab, hier kämpften Menschen und Tiere mit den Wellen, hier war ein mutiger Retter bemüht, zu helfen; hier stand ein anderer, bleich wie der Tod, und streckte sprachlos zitternde Hände zum Himmel[2]. Als Jeronimo das Tor erreicht, und einen Hügel jenseits desselben bestiegen hatte, sank er ohnmächtig auf demselben nieder.

Er mochte wohl eine Viertelstunde in der tiefsten Bewußtlosigkeit gelegen haben, als er endlich wieder erwachte, und sich, mit nach der Stadt gekehrtem Rücken, halb auf dem Erdboden erhob. Er befühlte sich Stirn und Brust, unwissend, was er aus seinem Zustande machen sollte, und ein unsägliches Wonnegefühl ergriff ihn, als ein Westwind, vom Meere her, sein wiederkehrendes Leben anwehte, und sein Auge sich nach allen Richtungen über die blühende Gegend von St. Jago hinwandte. Nur die verstörten Menschenhaufen, die sich überall blicken ließen, beklemmten sein Herz; er begriff nicht, was ihn und sie hiehergeführt haben konnte, und erst, da er sich umkehrte, und die Stadt hinter sich versunken sah, erinnerte er sich des schrecklichen Augenblicks, den er erlebt hatte. Er senkte sich so tief, daß seine Stirn den Boden berührte, Gott für seine wunderbare Errettung zu danken; und gleich, als ob der eine entsetzliche Eindruck, der sich seinem Gemüt eingeprägt hatte, alle früheren daraus verdrängt hätte, weinte er vor Lust, daß er sich des lieblichen Lebens, voll bunter Erscheinungen, noch erfreue.

Drauf, als er eines Ringes an seiner Hand gewahrte, erinnerte er sich plötzlich auch Josephens, und mit ihr seines Gefängnisses, der Glocken, die er dort gehört hatte, und des Augenblicks, der dem Einsturze desselben vorangegangen war. Tiefe Schwermut erfüllte wieder seine Brust; sein Gebet fing ihn zu reuen an, und fürchterlich schien ihm das Wesen, das über den Wolken waltet. Er mischte sich unter das Volk, das überall, mit Rettung des Eigentums beschäftigt, aus den Toren stürzte, und wagte schüchtern nach der Tochter Asterons, und ob die Hinrichtung an ihr vollzogen worden sei, zu fragen; doch niemand war, der ihm umständliche[3] Auskunft gab. Eine Frau, die auf einem fast zur Erde gedrückten Nacken eine ungeheure Last von Gerätschaften und zwei Kinder, an der Brust hängend, trug, sagte im Vorbeigehen, als ob sie es selbst angesehen hätte: daß sie enthauptet worden sei. Jeronimo kehrte sich um; und da er, wenn er die Zeit berechnete, selbst an ihrer Vollendung[4] nicht zweifeln konnte, so setzte er sich in einem einsamen Walde nieder, und überließ sich seinem vollen Schmerz. Er wünschte, daß die zerstörende Gewalt der Natur von neuem über ihn einbrechen möchte. Er begriff nicht, warum er dem Tode, den seine

1 *Mapachofluss*: im 18. Jh. übliche Schreibung des Flusses Mapocha südlich von Santiago

2 *streckte […] zum Himmel*: Die sprachlose Gebärde findet sich ähnlich auch S. 59, Z. 16. Die gleiche Geste gewinnt eine andere Bedeutung in der Strafpredigt des Chorherrn (S. 56, Z. 14 ff.).

3 *umständlich:* hier: genau, alle Umstände berücksichtigend

4 *an ihrer Vollendung*: wohl zu beziehen auf die Hinrichtung, Z. 28; denkbar auch: an ihren (Josephes) Tod

jammervolle Seele suchte, in jenen Augenblicken, da er ihm freiwillig von allen Seiten rettend erschien, entflohen sei. Er nahm sich fest vor, nicht zu wanken, wenn auch jetzt die Eichen entwurzelt werden, und ihre Wipfel über ihn zusammenstürzen sollten. Darauf nun, da er sich ausgeweint hatte, und ihm, mitten unter den heißesten Tränen, die Hoffnung wieder erschienen war, stand er auf, und durchstreifte nach allen Richtungen das Feld. Jeden Berggipfel, auf dem sich die Menschen versammelt hatten, besuchte er; auf allen Wegen, wo sich der Strom der Flucht noch bewegte, begegnete[1] er ihnen; wo nur irgend ein weibliches Gewand im Winde flatterte, da trug ihn sein zitternder Fuß hin: doch keines deckte die geliebte Tochter Asterons. Die Sonne neigte sich, und mit ihr seine Hoffnung schon wieder zum Untergange, als er den Rand eines Felsens betrat, und sich ihm die Aussicht in ein weites, nur von wenig Menschen besuchtes Tal eröffnete. Er durchlief, unschlüssig, was er tun sollte, die einzelnen Gruppen derselben, und wollte sich schon wieder wenden, als er plötzlich an einer Quelle, die die Schlucht bewässerte, ein junges Weib erblickte, beschäftigt, ein Kind in seinen[2] Fluten zu reinigen[3]. Und das Herz hüpfte ihm bei diesem Anblick: er sprang voll Ahndung über die Gesteine herab, und rief: O Mutter Gottes[4], du Heilige! und erkannte Josephen, als sie sich bei dem Geräusche schüchtern umsah. Mit welcher Seligkeit umarmten sie sich, die Unglücklichen[5], die ein Wunder des Himmels gerettet hatte!

Josephe war, auf ihrem Gang zum Tode, dem Richtplatze schon ganz nahe gewesen, als durch den krachenden Einsturz der Gebäude plötzlich der ganze Hinrichtungszug auseinander gesprengt ward. Ihre ersten entsetzensvollen Schritte trugen sie hierauf dem nächsten Tore zu; doch die Besinnung kehrte ihr bald wieder, und sie wandte sich, um nach dem Kloster zu eilen, wo ihr kleiner, hülfloser Knabe zurückgeblieben war. Sie fand das ganze Kloster schon in Flammen, und die Äbtissin, die ihr in jenen Augenblicken, die ihre letzten sein sollten, Sorge für den Säugling angelobt hatte, schrie eben, vor den Pforten stehend, nach Hülfe, um ihn zu retten. Josephe stürzte sich, unerschrocken durch den Dampf, der ihr entgegenqualmte, in das von allen Seiten schon zusammenfallende Gebäude, und gleich, als ob alle Engel des Himmels sie umschirmten, trat sie mit ihm unbeschädigt wieder aus dem Portal hervor. Sie wollte der Äbtissin, welche die Hände über ihr Haupt zusammenschlug, eben in die Arme sinken, als diese, mit fast allen ihren Klosterfrauen, von einem herabfallenden Giebel des Hauses, auf eine schmähliche[6] Art erschlagen ward. Josephe

1 *begegnen*: hier: entgegengehen
2 *seinen*: ihren, bezogen auf „Quelle“
3 *reinigen*: lebenspraktisch: säubern; darüber hinaus aber: „reinigen“ von der „Sünde“, der das Kind entstammt, durch die Taufe
4 *Mutter Gottes*: Der Ausruf kann zum einen Maria, der heiligen „Mutter Gottes“ gelten, von der Jeronimo Rettung erfleht hat (S. 47, Z. 6 ff.). Er kann zum anderen an Josephe gerichtet sein, deren Name, die weibliche Form zu Joseph, auf Jesu irdischen Ziehvater und damit auf sie als Mutter Gottes hindeuten könnte.
5 *die Unglücklichen*: bezeichnet ihren Zustand vor der Rettung durch ein „Wunder des Himmels“ (Z. 18 f.), deutet zugleich voraus auf den Fortgang der Erzählung, vgl. S. 56, Z. 27
6 *schmählich:* schändlich, erniedrigend

bebte bei diesem entsetzlichen Anblicke zurück; sie drückte der Äbtissin flüchtig die Augen zu, und floh, ganz von Schrecken erfüllt, den teuern Knaben, den ihr der Himmel wieder geschenkt hatte, dem Verderben zu entreißen.

Sie hatte noch wenig Schritte getan, als ihr auch schon die Leiche des Erzbischofs begegnete[1], die man soeben zerschmettert aus dem Schutt der Kathedrale hervorgezogen hatte. Der Palast des Vizekönigs war versunken, der Gerichtshof, in welchem ihr das Urteil gesprochen worden war, stand in Flammen, und an die Stelle, wo sich ihr väterliches Haus[2] befunden hatte, war ein See getreten, und kochte rötliche Dämpfe aus. Josephe raffte alle ihre Kräfte zusammen, sich zu halten. Sie schritt, den Jammer von ihrer Brust entfernend, mutig mit ihrer Beute[3] von Straße zu Straße, und war schon dem Tore nah, als sie auch das Gefängnis, in welchem Jeronimo geseufzt hatte, in Trümmern sah. Bei diesem Anblicke wankte sie, und wollte besinnungslos an einer Ecke niedersinken; doch in demselben Augenblick jagte sie der Sturz eines Gebäudes hinter ihr, das die Erschütterungen schon ganz aufgelöst hatten, durch das Entsetzen gestärkt, wieder auf; sie küßte das Kind, drückte sich die Tränen aus den Augen, und erreichte, nicht mehr auf die Greuel, die sie umringten, achtend, das Tor. Als sie sich im Freien sah, schloß sie bald, daß nicht jeder, der ein zertrümmertes Gebäude bewohnt hatte, unter ihm notwendig müsse zerschmettert worden sein.

An dem nächsten Scheidewege stand sie still, und harrte, ob nicht einer, der ihr, nach dem kleinen Philipp, der liebste auf der Welt war, noch erscheinen würde. Sie ging, weil niemand kam, und das Gewühl der Menschen anwuchs, weiter, und kehrte sich wieder um, und harrte wieder; und schlich, viel Tränen vergießend, in ein dunkles, von Pinien beschattetes Tal, um seiner Seele, die sie entflohen glaubte, nachzubeten[4]; und fand ihn hier, diesen Geliebten, im Tale, und Seligkeit, als ob es das Tal von Eden[5] gewesen wäre.

Dies alles erzählte sie jetzt voll Rührung dem Jeronimo, und reichte ihm, da sie vollendet hatte, den Knaben zum Küssen dar. – Jeronimo nahm ihn, und hätschelte ihn in unsäglicher Vaterfreude, und verschloß ihm, da er das fremde Antlitz anweinte, mit Liebkosungen ohne Ende den Mund. Indessen war die schönste Nacht herabgestiegen, voll wundermilden Duftes, so silberglänzend und still, wie nur ein Dichter davon träumen mag[6]. Überall, längs der Talquelle, hatten sich, im Schimmer des Mondscheins, Menschen niedergelassen, und bereiteten sich sanfte Lager von Moos und Laub, um von einem so qualvollen Tage auszuruhen. Und weil die Armen immer

1 *begegnete*: wurde entgegengetragen

2 *Kathedrale [...] Palast [...] Gerichtshof [...] väterliches Haus*: die Instanzen, die Josephe verurteilt haben

3 *mit ihrer Beute*: mit ihrem Kind; ähnlich die Marquise von O..., vgl. S. 30, Z. 10

4 *seiner Seele [...] nachzubeten*: um der Seele dessen, den sie für tot hielt, ein Gebet nachzuschicken

5 *als ob [...] das Tal von Eden*: der Garten Eden: das Paradies; *als ob:* Vgl. S. 47, Anm. 5.

6 *wie nur ein Dichter davon träumen mag*: Durch „Dichter“ und „Traum“ weist der Erzähler auf den fiktiven, zudem erträumten Charakter der wunderbaren Nachtdarstellung hin und deutet damit die Fehleinschätzung der Situation an, die sich später erweisen wird.

noch jammerten; dieser, daß er sein Haus, jener, daß er Weib und Kind, und der dritte, daß er alles verloren habe: so schlichen Jeronimo und Josephe in ein dichteres Gebüsch, um durch das heimliche Gejauchz ihrer Seelen niemand zu betrüben. Sie fanden einen prachtvollen Granatapfelbaum[1], der seine Zweige, voll duftender Früchte, weit ausbreitete; und die Nachtigall flötete im Wipfel ihr wollüstiges Lied[2]. Hier ließ sich Jeronimo am Stamme nieder, und Josephe in seinem, Philipp in Josephens Schoß, saßen sie, von seinem Mantel bedeckt, und ruhten.[3] Der Baumschatten zog, mit seinen verstreuten Lichtern, über sie hinweg, und der Mond erblaßte schon wieder vor der Morgenröte, ehe sie einschliefen. Denn Unendliches hatten sie zu schwatzen[4] vom Klostergarten und den Gefängnissen, und was sie um einander gelitten hätten; und waren sehr gerührt, wenn sie dachten, wie viel Elend über die Welt kommen mußte, damit sie glücklich würden!

Sie beschlossen, sobald die Erderschütterungen aufgehört haben würden, nach La Conception[5] zu gehen, wo Josephe eine vertraute Freundin hatte, sich mit einem kleinen Vorschuß, den sie von ihr zu erhalten hoffte, von dort nach Spanien einzuschiffen, wo Jeronimos mütterliche Verwandten wohnten, und daselbst ihr glückliches Leben zu beschließen. Hierauf, unter vielen Küssen, schliefen sie ein.

Als sie erwachten[6], stand die Sonne schon hoch am Himmel, und sie bemerkten in ihrer Nähe mehrere Familien, beschäftigt, sich am Feuer ein kleines Morgenbrot zu bereiten. Jeronimo dachte eben auch, wie er Nahrung für die Seinigen herbeischaffen sollte, als ein junger wohlgekleideter Mann, mit einem Kinde auf dem Arm, zu Josephen trat, und sie mit Bescheidenheit fragte: ob sie diesem armen Wurme, dessen Mutter dort unter den Bäumen beschädigt[7] liege, nicht auf kurze Zeit ihre Brust reichen wolle? Josephe war ein wenig verwirrt, als sie in ihm einen Bekannten erblickte; doch da er, indem er ihre Verwirrung falsch deutete, fortfuhr: es ist nur auf wenige Augenblicke, Donna Josephe, und dieses Kind hat, seit jener Stunde, die uns

1 *Granatapfelbaum*: Dem Granatapfel wird in der antiken und christlichen Tradition, aber auch in außereuropäischen Kulturen eine vielfältige Bedeutung zugeschrieben. Er gilt als Symbol für Fruchtbarkeit, Leben, Macht (Reichsapfel), der Granatapfelbaum als Baum der Erkenntnis im Paradies, seine Frucht in der Hand Christi als Zeichen der Erlösung von der durch den Sündenfall (Essen vom Baum der Erkenntnis) entstandenen Erbsünde.

2 *wollüstiges Lied*: lustvolles Lied, das auch sexuelles Verlangen weckt

3 *Hier ließ sich […] nieder […] und ruhten:* Die Beschreibung erinnert an die häufig dargestellte „Ruhe auf der Flucht“ der heiligen Familie (Maria, Joseph, das Jesuskind). Die Vorlage könnte ein Gemälde des Malers Ferdinand Bol (nach einer Radierung von Rembrandt) sein, das Kleist vermutlich aus der Dresdner Gemäldegalerie kannte. Vgl. Müller-Salget, S. 818.

4 *schwatzen*: hier: erzählen

5 *La Conception*: 1550 gegründete Hauptstadt der mittelchilenischen Provinz gleichen Namens (heute: Concepción), dessen Bedeutung „Empfängnis“ wohl auf die „unbefleckte Empfängnis“ Marias verweist, d. h., auf die im Mittelalter entfaltete, 1854 zum Dogma erhobene katholische Lehre, dass Maria „unbefleckt“, ohne Erbsünde, empfangen worden sei.

6 *Als sie erwachten […]:* Erst hier findet sich in der Buchausgabe der erste Absatz (vgl. S. 45, Anm. 1), der den Beginn des zweiten großen Teils der Erzählung markiert.

7 *beschädigt*: verletzt, verwundet, vgl. S. 52, Z. 11 f.

alle unglücklich gemacht hat, nichts genossen; so sagte sie: „ich schwieg[1] – aus einem andern Grunde, Don Fernando; in diesen schrecklichen Zeiten weigert sich niemand, von dem, was er besitzen mag, mitzuteilen[2]“: und nahm den kleinen Fremdling[3], indem sie ihr eigenes Kind dem Vater gab, und legte ihn an ihre Brust. Don Fernando war sehr dankbar für diese Güte, und fragte: ob sie sich nicht mit ihm zu jener Gesellschaft verfügen wollten, wo eben jetzt beim Feuer ein kleines Frühstück bereitet werde? Josephe antwortete, daß sie dies Anerbieten mit Vergnügen annehmen würde, und folgte ihm, da auch Jeronimo nichts einzuwenden hatte, zu seiner Familie, wo sie auf das innigste und zärtlichste von Don Fernandos beiden Schwägerinnen, die sie als sehr würdige junge Damen kannte, empfangen ward.

Donna Elvire, Don Fernandos Gemahlin, welche schwer an den Füßen verwundet auf der Erde lag, zog Josephen, da sie ihren abgehärmten[4] Knaben an der Brust derselben sah, mit vieler Freundlichkeit zu sich nieder. Auch Don Pedro, sein Schwiegervater, der an der Schulter verwundet war, nickte ihr liebreich mit dem Haupte zu. –

In Jeronimos und Josephens Brust regten sich Gedanken von seltsamer Art. Wenn sie sich mit so vieler Vertraulichkeit und Güte behandelt sahen, so wußten sie nicht, was sie von der Vergangenheit denken sollten, vom Richtplatze, von dem Gefängnisse, und der Glocke; und ob sie bloß davon geträumt hätten? Es war, als ob die Gemüter, seit dem fürchterlichen Schlage, der sie durchdröhnt hatte, alle versöhnt wären. Sie konnten in der Erinnerung gar nicht weiter, als bis auf ihn, zurückgehen. Nur Donna Elisabeth, welche bei einer Freundin, auf das Schauspiel des gestrigen Morgens[5], eingeladen worden war, die Einladung aber nicht angenommen hatte, ruhte zuweilen mit träumerischem Blicke auf Josephen; doch der Bericht, der über irgend ein neues gräßliches Unglück erstattet ward, riß ihre, der Gegenwart kaum entflohene Seele schon wieder in dieselbe zurück.

Man erzählte, wie die Stadt gleich nach der ersten Haupterschütterung von Weibern ganz voll gewesen, die vor den Augen aller Männer niedergekommen seien[6]; wie die Mönche darin, mit dem Kruzifix in der Hand, umhergelaufen wären, und geschrieen hätten: das Ende der Welt sei da! wie man einer Wache, die auf Befehl des Vizekönigs verlangte, eine Kirche zu räumen, geantwortet hätte: es gäbe keinen Vizekönig von Chili mehr! wie der Vizekönig in den schrecklichsten Augenblicken hätte müssen Galgen aufrichten lassen, um der Dieberei Einhalt zu tun; und wie ein

1 *„ich schwieg […]“:* Kleist setzt nur selten An- und Ausführungszeichen wie hier und später bei Don Fernando.
2 *mitteilen*: hier: mit anderen teilen
3 *Fremdling*: das fremde Kind, vgl. S. 59, Z. 30
4 *abgehärmt*: abgemagert, entkräftet
5 *Schauspiel des gestrigen Morgens*: Vgl. S. 46, Z. 17 ff.
6 *von Weibern voll […] niedergekommen seien*: Rückgriff auf Josephes skandalöses öffentliches Gebären „auf den Stufen der Kathedrale“ (S. 46, Z. 4). Umkehrung des biblischen Textes: Nicht die Gräber öffnen sich am „Ende der Welt“ (Z. 30), sondern die Frauen kommen „vor den Augen aller Männer“ nieder (Z. 28). Vgl. Appelt/Grathoff, S. 27.

Unschuldiger[1], der sich von hinten durch ein brennendes Haus gerettet, von dem Besitzer aus Übereilung ergriffen, und sogleich auch aufgeknöpft worden wäre.

Donna Elvire, bei deren Verletzungen Josephe viel beschäftigt war, hatte in einem Augenblick, da gerade die Erzählungen sich am lebhaftesten kreuzten, Gelegenheit genommen, sie zu fragen: wie es denn ihr an diesem fürchterlichen Tag ergangen sei? Und da Josephe ihr, mit beklemmtem Herzen, einige Hauptzüge davon angab, so ward ihr die Wollust[2], Tränen in die Augen dieser Dame treten zu sehen; Donna Elvire ergriff ihre Hand, und drückte sie, und winkte ihr, zu schweigen. Josephe dünkte[3] sich unter den Seligen. Ein Gefühl, das sie nicht unterdrücken konnte, nannte den verfloßnen Tag, so viel Elend er auch über die Welt gebracht hatte, eine Wohltat, wie der Himmel noch keine über sie verhängt hatte. Und in der Tat schien, mitten in diesen gräßlichen Augenblicken, in welchen alle irdischen Güter der Menschen zu Grunde gingen, und die ganze Natur verschüttet zu werden drohte, der menschliche Geist selbst[4], wie eine schöne Blume, aufzugehn. Auf den Feldern, so weit das Auge reichte, sah man Menschen von allen Ständen durcheinander liegen, Fürsten und Bettler, Matronen und Bäuerinnen, Staatsbeamte und Tagelöhner, Klosterherren und Klosterfrauen[5]: einander bemitleiden, sich wechselseitig Hülfe reichen, von dem, was sie zur Erhaltung ihres Lebens gerettet haben mochten, freudig mitteilen[6], als ob das allgemeine Unglück alles, was ihm entronnen war, zu *einer* Familie[7] gemacht hätte.

Statt der nichtssagenden Unterhaltungen, zu welchen sonst die Welt an den Teetischen den Stoff hergegeben hatte, erzählte man jetzt Beispiele von ungeheuern Taten: Menschen, die man sonst in der Gesellschaft wenig geachtet hatte, hatten Römergröße[8] gezeigt; Beispiele zu Haufen von Unerschrockenheit, von freudiger Verachtung der Gefahr, von Selbstverleugnung und der göttlichen Aufopferung, von ungesäumter Wegwerfung des Lebens, als ob es, dem nichtswürdigsten Gute[9] gleich, auf dem nächsten Schritte schon wiedergefunden würde. Ja, da nicht einer war, für den nicht an diesem Tage etwas Rührendes geschehen wäre, oder der nicht selbst

1 *wie die Stadt […] wie ein Unschuldiger:* Die anaphorische Verknüpfung der Sätze durch „wie" dient Kleists Darstellungsabsicht. Vgl. S. 47, Anm. 7.

2 *Wollust*: hier: Freude

3 *dünken*: glauben

4 *der menschliche Geist selbst*: im Gegensatz zu: „alle irdischen Güter" (Z. 12), aber auch zu: „die ganze Natur" (Z. 13)

5 *Klosterherren und Klosterfrauen*: im Hinblick auf Josephes und Jeronimos Liebesnacht im Klostergarten (S. 45, Z. 14 – S. 46, Z. 1) vielleicht mit ironischem Beiklang

6 *Menschen von allen Ständen wechselseitig Hülfe reichen […] freudig mitteilen*: Kleist fügt der Anspielung auf die Gesellschaftsutopie Rousseaus allerdings ein relativierendes „als ob" (Z. 18) hinzu. Vgl. S. 47, Anm. 5.

7 *zu einer Familie*: Von der jüngeren Forschungsliteratur oft als „Kernstück der Kleist'schen Gesellschaftsutopie" angeführt. Dem steht indessen zum einen das auch hier geltende „als ob" (vgl. Anm. 6) entgegen, zum anderen Kleists mehrfache Darstellung negativen Familienverhaltens, z.B. in der *Marquise von O…* und im *Erdbeben von Chili* selbst.

8 *Römergröße*: das mutige Verhalten der Römer in Augenblicken großer Gefahr, das auch der Französischen Revolution als Vorbild galt

9 *dem nichtswürdigsten Gute*: Gewöhnlich gilt das Leben als höchstes Gut.

etwas Großmütiges getan hätte, so war der Schmerz in jeder Menschenbrust mit so viel süßer Lust vermischt, daß sich, wie sie[1] meinte, gar nicht angeben ließ, ob die Summe des allgemeinen Wohlseins nicht von der einen Seite um ebenso viel gewachsen war, als sie von der anderen abgenommen hatte.

Jeronimo nahm Josephen, nachdem sich beide in diesen Betrachtungen stillschweigend erschöpft[2] hatten, beim Arm, und führte sie mit unaussprechlicher Heiterkeit unter den schattigen Lauben[3] des Granatwaldes[4] auf und nieder. Er sagte ihr, daß er, bei dieser Stimmung der Gemüter und dem Umsturz aller Verhältnisse, seinen Entschluß, sich nach Europa einzuschiffen, aufgebe; daß er vor dem Vizekönig, der sich seiner Sache[5] immer günstig gezeigt, falls er noch am Leben sei, einen Fußfall[6] wagen würde; und daß er Hoffnung habe (wobei er ihr einen Kuß aufdrückte), mit ihr in Chili zurückzubleiben. Josephe antwortete, daß ähnliche Gedanken in ihr aufgestiegen wären; daß auch sie nicht mehr, falls ihr Vater nur noch am Leben sei, ihn zu versöhnen zweifle; daß sie aber statt des Fußfalles lieber nach La Conception zu gehen, und von dort aus schriftlich das Versöhnungsgeschäft mit dem Vizekönig zu betreiben rate, wo man auf jeden Fall in der Nähe des Hafens wäre, und für den besten[7], wenn das Geschäft die erwünschte Wendung nähme, ja leicht wieder nach St. Jago zurückkehren könnte. Nach einer kurzen Überlegung gab Jeronimo der Klugheit dieser Maßregel seinen Beifall, führte sie noch ein wenig, die heitern Momente der Zukunft überfliegend, in den Gängen umher, und kehrte mit ihr zur Gesellschaft[8] zurück.

Inzwischen war der Nachmittag herangekommen[9], und die Gemüter der herumschwärmenden Flüchtlinge hatten sich, da die Erdstöße nachließen, nur kaum wieder ein wenig beruhigt, als sich schon die Nachricht verbreitete, daß in der Dominikanerkirche[10], der einzigen, welche das Erdbeben verschont hatte, eine feierliche Messe von dem Prälaten des Klosters selbst gelesen werden würde, den Himmel um Verhütung ferneren[11] Unglücks anzuflehen.

1 *sie*: Der Bezug ist unklar: „jede […] Menschenbrust"?, Josephe (S. 53, Z. 8; S. 54, Z. 5)?
2 *erschöpft*: das Thema erschöpfend – vollständig, in allen Einzelheiten – behandelt
3 *Lauben*: Laubengänge, laubgedeckte Gänge
4 *Granatwald*: Wald aus Granatapfelbäumen, vgl. S. 51, Z. 4
5 *seiner Sache*: ihm, seinen Anliegen gegenüber; unklar bleibt, in welcher Sache
6 *Fußfall*: Niederknien, Sichniederwerfen als Ausdruck demütigen Bittens
7 *besten*: bezieht sich auf „Fall" (Z. 16)
8 *Gesellschaft*: die kleine „Gesellschaft" um Fernando (S. 52, Z. 5 ff.), darüber hinaus in die Gesellschaft überhaupt
9 *Inzwischen war […] herangekommen*: zweiter Absatz in der Buchausgabe, Beginn des dritten Teils der Erzählung (vgl. S. 45, Anm. 1)
10 *Dominikanerkirche*: Der Dominikanerorden kämpfte für die Verteidigung und Reinhaltung der katholischen Glaubenslehre, auch mit den Mitteln der Inquisition: Institution der katholischen Kirche, die mit großer Härte und grausamen Untersuchungsmethoden gegen Ketzer vorging, sie verfolgte, verurteilte und verbrannte.
11 *ferner*: weiter

Das Volk brach schon aus allen Gegenden auf, und eilte in Strömen zur Stadt. In Don Fernandos Gesellschaft ward die Frage aufgeworfen, ob man nicht auch an dieser Feierlichkeit Teil nehmen, und sich dem allgemeinen Zuge anschließen solle? Donna Elisabeth erinnerte, mit einiger Beklemmung, was für ein Unheil gestern in der Kirche[1] vorgefallen sei; daß solche Dankfeste ja wiederholt werden würden, und daß man sich der Empfindung alsdann, weil die Gefahr schon mehr vorüber wäre, mit desto größerer Heiterkeit und Ruhe überlassen könnte. Josephe äußerte, indem sie mit einiger Begeisterung sogleich aufstand, daß sie den Drang, ihr Antlitz vor dem Schöpfer in den Staub zu legen, niemals lebhafter empfunden habe, als eben jetzt, wo er seine unbegreifliche und erhabene Macht so entwickle[2]. Donna Elvire erklärte sich mit Lebhaftigkeit für Josephens Meinung. Sie bestand darauf, daß man die Messe hören sollte, und rief Don Fernando auf, die Gesellschaft zu führen, worauf sich alles, Donna Elisabeth auch, von den Sitzen erhob. Da man jedoch letztere, mit heftig arbeitender Brust, die kleinen Anstalten zum Aufbruche zaudernd betreiben sah, und sie, auf die Frage: was ihr fehle? antwortete: sie wisse nicht, welch eine unglückliche Ahndung in ihr sei? so beruhigte sie Donna Elvire, und foderte sie auf, bei ihr und ihrem kranken Vater zurückzubleiben. Josephe sagte: so werden Sie mir wohl, Donna Elisabeth, diesen kleinen Liebling[3] abnehmen, der sich schon wieder, wie Sie sehen, bei mir eingefunden hat. Sehr gern, antwortete Donna Elisabeth, und machte Anstalten, ihn zu ergreifen; doch da dieser über das Unrecht, das ihm geschah, kläglich schrie, und auf keine Art darein willigte, so sagte Josephe lächelnd, daß sie ihn nur behalten wolle, und küßte ihn wieder still. Hierauf bot Don Fernando, dem die ganze Würdigkeit und Anmut ihres Betragens sehr gefiel, ihr den Arm; Jeronimo, welcher den kleinen Philipp trug, führte Donna Constanzen; die übrigen Mitglieder, die sich bei der Gesellschaft eingefunden hatten, folgten; und in dieser Ordnung ging der Zug nach der Stadt.

Sie waren kaum funfzig Schritte gegangen, als man Donna Elisabeth, welche inzwischen heftig und heimlich mit Donna Elvire gesprochen hatte: Don Fernando! rufen hörte, und dem Zuge mit unruhigen Tritten nacheilen sah. Don Fernando hielt, und kehrte sich um; harrte ihrer, ohne Josephen loszulassen, und fragte, da sie, gleich als ob sie auf sein Entgegenkommen wartete, in einiger Ferne stehen blieb: was sie wolle? Donna Elisabeth näherte sich ihm hierauf, obschon, wie es schien, mit Widerwillen, und raunte ihm, doch so, daß Josephe es nicht hören konnte, einige Worte ins Ohr. Nun? fragte Don Fernando: und das Unglück, das daraus entstehen kann? Donna Elisabeth fuhr fort, ihm mit verstörtem Gesicht ins Ohr zu zischeln. Don Fernando stieg eine Röte des Unwillens ins Gesicht; er antwortete: es wäre gut! Donna Elvire möchte sich beruhigen; und führte seine Dame weiter. –

1 *Unheil gestern in der Kirche*: Davon ist im Text nicht die Rede. Gemeint ist vielleicht die von der Kirche veranlasste Hinrichtung, allerdings nicht in der Kirche, sondern auf dem „Richtplatz“ (S. 47, Z. 10). Die Äußerung weist aber auf das kommende Unheil voraus (vgl. Z. 16).

2 *entwickeln*: hier: wirksam, offenbar werden lassen

3 *kleiner Liebling*: Juan, Elvires und Fernandos Sohn

Als sie in der Kirche der Dominikaner ankamen, ließ sich die Orgel schon mit musikalischer Pracht hören, und eine unermeßliche Menschenmenge wogte darin. Das Gedränge erstreckte sich bis weit vor den Portalen auf den Vorplatz der Kirche hinaus, und an den Wänden hoch, in den Rahmen der Gemälde, hingen Knaben, und hielten mit erwartungsvollen Blicken ihre Mützen in der Hand. Von allen Kronleuchtern strahlte es herab, die Pfeiler warfen, bei der einbrechenden Dämmerung, geheimnisvolle Schatten, die große von gefärbtem Glas gearbeitete Rose[1] in der Kirche äußerstem Hintergrunde glühte, wie die Abendsonne selbst, die sie erleuchtete, und Stille herrschte, da die Orgel jetzt schwieg, in der ganzen Versammlung, als hätte keiner einen Laut in der Brust. Niemals schlug aus einem christlichen Dom eine solche Flamme der Inbrunst gen Himmel, wie heute aus dem Dominikanerdom zu St. Jago; und keine menschliche Brust gab wärmere Glut dazu her, als Jeronimos und Josephens!

Die Feierlichkeit fing mit einer Predigt an, die der ältesten Chorherren einer, mit dem Festschmuck angetan, von der Kanzel hielt. Er begann gleich mit Lob, Preis und Dank, seine zitternden, vom Chorhemde weit umflossenen Hände hoch gen Himmel erhebend, daß noch Menschen seien, auf diesem, in Trümmer zerfallenden Teile der Welt, fähig, zu Gott empor zu stammeln[2]. Er schilderte, was auf den Wink des Allmächtigen geschehen war; das Weltgericht[3] kann nicht entsetzlicher sein; und als er das gestrige Erdbeben gleichwohl, auf einen Riß, den der Dom erhalten hatte, hinzeigend, einen bloßen Vorboten davon nannte, lief ein Schauder über die ganze Versammlung. Hierauf kam er, im Flusse priesterlicher Beredsamkeit, auf das Sittenverderbnis der Stadt; Greuel, wie Sodom und Gomorrha[4] sie nicht sahen, straft' er an ihr; und nur der unendlichen Langmut Gottes schrieb er es zu, daß sie noch nicht gänzlich vom Erdboden vertilgt worden sei.

Aber wie dem Dolche gleich fuhr es durch die von dieser Predigt schon ganz zerrissenen Herzen unserer beiden Unglücklichen, als der Chorherr bei dieser Gelegenheit umständlich des Frevels erwähnte, der in dem Klostergarten[5] der Karmeliterinnen verübt worden war; die Schonung, die er bei der Welt gefunden hatte, gottlos nannte, und in einer von Verwünschungen erfüllten Seitenwendung, die Seelen der Täter, wörtlich genannt, allen Fürsten der Hölle[6] übergab! Donna Constanze rief, indem sie an Jeronimos Armen zuckte: Don Fernando! Doch dieser antwortete so

1 *von gefärbtem Glas gearbeitete Rose*: Fensterrose: großes, rundes, reich gegliedertes Fenster vor allem in gotischen Kirchen, meist in der Westfassade. Die rote Rose verweist auf Leiden und Tod Christi; hier zugleich Vorausdeutung.

2 *Er begann […] zu Gott empor zu stammeln.*: Vgl. S. 48, Z. 5 f. und Anm. 2.

3 *das Weltgericht*: das Jüngste Gericht: Gericht Gottes über die Menschheit am Tag des Weltuntergangs (Vgl. Neues Testament, Die Offenbarung des Johannes.)

4 *Sodom und Gomorrha*: biblische Städte, die wegen des in ihnen herrschenden Sittenverfalls und „widernatürlicher" Sexualpraktiken (Sodomie) unter einem Regen aus Feuer und Schwefel begraben wurden (vgl. 1. Mose, 18–19). Sie gelten bis heute als Ausdruck für einen Zustand der (sittlichen) Lasterhaftigkeit.

5 *Frevels […] in dem Klostergarten*: Vgl. S. 45, Z. 14 – S. 46, Z. 1 und Z. 8 ff.

6 *allen Fürsten der Hölle*: Vgl. S. 59, Z. 11.

nachdrücklich und doch so heimlich, wie sich beides verbinden ließ: „Sie schweigen, Donna, Sie rühren auch den Augapfel nicht, und tun, als ob Sie in eine Ohnmacht versänken; worauf wir die Kirche verlassen.“ Doch, ehe Donna Constanze diese sinnreiche zur Rettung erfundene Maßregel noch ausgeführt hatte, rief schon eine Stimme, des Chorherrn Predigt laut unterbrechend, aus: Weichet fern hinweg, ihr Bürger[1] von St. Jago, hier stehen diese gottlosen Menschen! Und als eine andere Stimme schreckenvoll, indessen sich ein weiter Kreis des Entsetzens um sie bildete, fragte: wo? hier! versetzte ein Dritter, und zog, heiliger Ruchlosigkeit[2] voll, Josephen bei den Haaren nieder, daß sie mit Don Fernandos Sohne zu Boden getaumelt wäre, wenn dieser sie nicht gehalten hätte. „Seid ihr wahnsinnig?“ rief der Jüngling, und schlug den Arm um Josephen: „ich bin Don Fernando Ormez, Sohn des Kommandanten der Stadt, den ihr alle kennt.“ Don Fernando Ormez? rief, dicht vor ihn hingestellt, ein Schuhflicker, der für Josephen gearbeitet hatte, und diese wenigstens so genau kannte, als ihre kleinen Füße. Wer ist der Vater zu diesem Kinde? wandte er sich mit frechem Trotz zur Tochter Asterons. Don Fernando erblaßte bei dieser Frage. Er sah bald den Jeronimo schüchtern an, bald überflog er die Versammlung, ob nicht einer sei, der ihn kenne? Josephe rief, von entsetzlichen Verhältnissen gedrängt: dies ist nicht mein Kind, Meister Pedrillo[3], wie Er glaubt; indem sie, in unendlicher Angst der Seele, auf Don Fernando blickte: dieser junge Herr ist Don Fernando Ormez, Sohn des Kommandanten der Stadt, den ihr alle kennt! Der Schuster fragte: wer von euch, ihr Bürger, kennt diesen jungen Mann? Und mehrere der Umstehenden wiederholten: wer kennt den Jeronimo Rugera? Der trete vor! Nun traf es sich, daß in demselben Augenblicke der kleine Juan, durch den Tumult erschreckt, von Josephens Brust weg Don Fernando in die Arme strebte. Hierauf: Er *ist* der Vater! schrie eine Stimme; und: er *ist* Jeronimo Rugera! eine andere; und: sie *sind* die gotteslästerlichen Menschen! eine dritte; und: steinigt sie! steinigt sie! die ganze im Tempel Jesu versammelte Christenheit[4]! Drauf jetzt Jeronimo: Halt! Ihr Unmenschlichen! Wenn ihr den Jeronimo Rugera sucht: hier ist er! Befreit jenen Mann, welcher unschuldig ist! –

1 *Bürger*: Hier wie im Folgenden (Z. 21; S. 58, Z. 25) erinnert die Verwendung des Wortes „Bürger“ an den Begriff „citoyen“ (Bürger) der Französischen Revolution.

2 *heilige Ruchlosigkeit*: In sich widersprüchliche Formulierung (Oxymoron), die den bestehenden Zwiespalt ausdrückt: Aus der Sicht des Erzählers ist das Verhalten der „Bürger“ „ruchlos“, weil es gegen göttliche Gebote des Neuen Testaments verstößt. Im Bewusstsein der „Bürger“ ist es „heilig“, denn es entspricht den an der Vorstellung vom strafenden, rächenden Gott des Alten Testaments orientierten Worten des Predigers, die sie zu ihren Schreckenstaten anstiften (vgl. S. 56, Z. 26 ff.).

3 *Pedrillo:* Verkleinerungsform zu „Pedro“, dem Namen von Elvires Vater (S. 52, Z. 13 f.)

4 *steinigt sie [...] versammelte Christenheit*: Die von den in der Kirche „versammelten“ Christen geforderte archaische Strafe des Steinigens, im AT insbesondere für sexuelle Vergehen verhängt (vgl. 3. Mose 20), steht im Gegensatz zum Verhalten Christi, der eine Ehebrecherin vor der Steinigung bewahrte (Joh. 8,3 ff.). Vgl. Anm. 2.

Der wütende Haufen, durch die Äußerung Jeronimos verwirrt, stutzte; mehrere Hände ließen Don Fernando los; und da in demselben Augenblick ein Marine-Offizier von bedeutendem Rang herbeieilte, und, indem er sich durch den Tumult drängte, fragte: Don Fernando Ormez! Was ist Euch widerfahren? so antwortete dieser, nun völlig befreit, mit wahrer heldenmütiger Besonnenheit: „Ja, sehen Sie, Don Alonzo, die Mordknechte! Ich wäre verloren gewesen, wenn dieser würdige Mann sich nicht, die rasende Menge zu beruhigen, für Jeronimo Rugera ausgegeben hätte. Verhaften Sie ihn, wenn Sie die Güte haben wollen, nebst dieser jungen Dame, zu ihrer beiderseitigen Sicherheit; und diesen Nichtswürdigen", indem er Meister Pedrillo ergriff, „der den ganzen Aufruhr angezettelt hat!" Der Schuster rief: Don Alonzo Onoreja, ich frage Euch auf Euer Gewissen, ist dieses Mädchen nicht Josephe Asteron? Da nun Don Alonzo, welcher Josephen sehr genau kannte, mit der Antwort zauderte, und mehrere Stimmen, dadurch von neuem zur Wut entflammt, riefen: sie ists, sie ists! und: bringt sie zu Tode! so setzte Josephe den kleinen Philipp, den Jeronimo bisher getragen hatte, samt dem kleinen Juan, auf Don Fernandos Arm, und sprach: gehn Sie, Don Fernando, retten Sie Ihre beiden Kinder, und überlassen Sie uns unserm Schicksale!

Don Fernando nahm die beiden Kinder und sagte: er wolle eher umkommen, als zugeben, daß seiner Gesellschaft etwas zu Leide geschehe. Er bot Josephen, nachdem er sich den Degen des Marine-Offiziers ausgebeten hatte, den Arm, und forderte das hintere Paar auf, ihm zu folgen. Sie kamen auch wirklich, indem man ihnen, bei solchen Anstalten[1], mit hinlänglicher Ehrerbietigkeit Platz machte, aus der Kirche heraus, und glaubten sich gerettet. Doch kaum waren sie auf den von Menschen gleichfalls erfüllten Vorplatz derselben getreten, als eine Stimme aus dem rasenden Haufen, der sie verfolgt hatte, rief: dies ist Jeronimo Rugera, ihr Bürger, denn ich bin sein eigner Vater[2]! und ihn an Donna Constanzens Seite mit einem ungeheuren Keulenschlage zu Boden streckte. Jesus Maria! rief Donna Constanze, und floh zu ihrem Schwager; doch: Klostermetze[3]! erscholl es schon, mit einem zweiten Keulenschlage, von einer andern Seite, der sie leblos neben Jeronimo niederwarf. Ungeheuer! rief ein Unbekannter: dies war Donna Constanze Xares! Warum belogen sie uns! antwortete der Schuster; sucht die rechte auf, und bringt sie um! Don Fernando, als er Constanzens Leichnam erblickte, glühte vor Zorn; er zog und schwang das Schwert, und hieb, daß er ihn gespalten hätte, den fanatischen Mordknecht, der diese Greuel ver-

1 *Anstalten*: Vorkehrungen, Vorbereitungen

2 *sein eigner* Vater: Auf die Frage, ob der Mörder Jeronimos tatsächlich sein Vater ist oder das nur behauptet, gibt der Text keine Antwort. Denn weder der Ruf „ich bin sein eigner Vater" noch die Tat „und ihn […] zu Boden streckte" werden ausdrücklich dem wirklichen oder angeblichen Vater zugeordnet. In der Darstellung des durch die Predigt des Chorherrn provozierten Aufruhrs und der von dem „Schuhflicker" Pedrillo geschürten Pogromstimmung geht es Kleist offenbar darum, dass es die Väter sind, die ihre Kinder ermorden: der wahre oder vorgebliche Vater seinen Sohn Jeronimo, der stellvertretende Vater Pedrillo (vgl. S. 57, Anm. 3).

3 *Metze*: Hure, Dirne

anlaßte, wenn derselbe nicht, durch eine Wendung, dem wütenden Schlag entwichen wäre. Doch da er die Menge, die auf ihn eindrang, nicht überwältigen konnte: leben Sie wohl, Don Fernando mit den Kindern! rief Josephe – und: hier mordet mich, ihr blutdürstenden Tiger! und stürzte sich freiwillig unter sie, um dem Kampf ein Ende zu machen. Meister Pedrillo schlug sie mit der Keule nieder. Darauf ganz mit ihrem Blute besprützt: schickt ihr den Bastard zur Hölle nach! rief er, und drang, mit noch ungesättigter Mordlust, von neuem vor.

Don Fernando, dieser göttliche Held[1], stand jetzt, den Rücken an die Kirche gelehnt; in der Linken hielt er die Kinder, in der Rechten das Schwert. Mit jedem Hiebe wetterstrahlte[2] er einen zu Boden; ein Löwe wehrt sich nicht besser. Sieben Bluthunde lagen tot vor ihm, der Fürst der satanischen Rotte selbst war verwundet. Doch Meister Pedrillo ruhte nicht eher, als bis er der Kinder eines bei den Beinen von seiner Brust gerissen, und, hochher im Kreise geschwungen, an eines Kirchpfeilers Ecke zerschmettert hatte. Hierauf ward es still, und alles entfernte sich. Don Fernando, als er seinen kleinen Juan vor sich liegen sah, mit aus dem Hirne vorquellenden Mark, hob, voll namenlosen Schmerzes, seine Augen gen Himmel[3].

Der Marine-Offizier fand sich wieder bei ihm ein, suchte ihn zu trösten, und versicherte ihn, daß seine Untätigkeit bei diesem Unglück, obschon durch mehrere Umstände gerechtfertigt, ihn reue; doch Don Fernando sagte, daß ihm nichts vorzuwerfen sei, und bat ihn nur, die Leichname jetzt fortschaffen zu helfen. Man trug sie alle, bei der Finsternis der einbrechenden Nacht, in Don Alonzos Wohnung, wohin Don Fernando ihnen, viel über das Antlitz des kleinen Philipp weinend, folgte. Er übernachtete auch bei Don Alonzo, und säumte lange, unter falschen Vorspiegelungen, seine Gemahlin von dem ganzen Umfang des Unglücks zu unterrichten; einmal, weil sie krank war, und dann, weil er auch nicht wußte, wie sie sein Verhalten bei dieser Begebenheit beurteilen würde; doch kurze Zeit nachher, durch einen Besuch zufällig von allem, was geschehen war, benachrichtigt, weinte diese treffliche[4] Dame im Stillen ihren mütterlichen Schmerz aus, und fiel ihm mit dem Rest einer erglänzenden Träne eines Morgens um den Hals und küßte ihn. Don Fernando und Donna Elvire nahmen hierauf den kleinen Fremdling[5] zum Pflegesohn an; und wenn Don Fernando Philippen mit Juan verglich, und wie er beide erworben hatte[6], so war es ihm fast, als müßt er sich freuen[7].

1 *göttlicher Held*: im Kontrast zu: „Fürst der satanischen Rotte", Z. 11
2 *wetterstrahlen*: abgeleitet von „Wetterstrahl": Blitz
3 *hob, voll namenlosen Schmerzes, seine Augen gen Himmel*: Vgl. S. 48, Z. 5 f. und Anm. 2.
4 *trefflich*: vortrefflich, durch große menschliche Qualität ausgezeichnet
5 *Fremdling*: das fremde Kind, vgl. S. 52, Z. 3
6 *wie er beide erworben hatte:* Kleist zielt hier nicht auf den ökonomischen, sondern auf den sozialen Aspekt des Begriffs „erwerben". Durch mutiges Handeln hat Fernando „den kleinen Fremdling" „erworben".
7 *so war es ihm fast, als müßt er sich freuen*: Der scheinbar versöhnliche Schlusssatz der Erzählung könnte den positiven sozialen Aspekt des „Erwerbs" (vgl. Anm. 6) bestätigen, muss aber, nicht zuletzt wegen „fast" und „müßt", hellhörig machen.

## Mutterliebe[1]

Zu St. Omer[2] im nördlichen Frankreich ereignete sich im Jahr 1803 ein merkwürdiger Vorfall. Daselbst fiel ein großer toller Hund, der schon mehrere Menschen beschädigt hatte, über zwei, unter einer Haustür spielende, Kinder her. Eben zerreißt[3] er das jüngste, das sich, unter seinen Klauen, im Blute wälzt; da erscheint, aus einer Nebenstraße, mit einem Eimer Wasser, den sie auf dem Kopf trägt, die Mutter. Diese, während der Hund die Kinder losläßt, und auf sie zuspringt, setzt den Eimer neben sich nieder; und außerstand zu fliehen, entschlossen, das Untier mindestens mit sich zu verderben[4], umklammert sie, mit Gliedern, gestählt von Wut und Rache, den Hund: sie erdrosselt ihn, und fällt, von grimmigen Bissen zerfleischt, ohnmächtig neben ihm nieder. Die Frau begrub noch ihre Kinder und ward, in wenig Tagen, da sie an der Tollwut starb, selbst zu ihnen ins Grab gelegt.

1 *Mutterliebe*: Die Geschichte erschien in den „Berliner Abendblättern", Nr. 7 vom 9. 1. 1811, ohne Unterzeichnung. Mehrere Texte werden als mögliche Vorlagen der Darstellung des Vorfalls genannt, von dem Kleist vielleicht in St. Omer mündlich berichtet wurde.

2 *St. Omer*: Stadt im Département Pas-de-Calais im Norden Frankreichs, wo sich Kleist im Oktober 1803 aufhielt

3 *fiel […] zerreißt*: Der Wechsel vom Präteritum ins historische Präsens dient zur Vergegenwärtigung der Szene und zum Spannungsaufheben.

4 *verderben*: zu Grunde richten, töten

## Anekdote aus dem letzten preußischen Kriege[1]

In einem bei Jena liegenden Dorf, erzählte mir, auf einer Reise nach Frankfurt, der Gastwirt, daß sich mehrere Stunden nach der Schlacht[2], um die Zeit, da das Dorf schon ganz von der Armee des Prinzen von Hohenlohe[3] verlassen und von Franzosen, die es für besetzt gehalten, umringt gewesen wäre, ein einzelner preußischer Reiter darin gezeigt hätte; und versicherte mir, daß wenn alle Soldaten, die an diesem Tage mitgefochten, so tapfer gewesen wären, wie dieser, die Franzosen hätten geschlagen werden müssen, wären sie auch noch dreimal stärker gewesen, als sie in der Tat waren. Dieser Kerl, sprach der Wirt, sprengte, ganz von Staub bedeckt, vor meinen Gasthof, und rief: „Herr Wirt!" und da ich frage: was gibts? „ein Glas Branntewein!" antwortet er, indem er sein Schwert in die Scheide wirft[4]: „mich dürstet." Gott im Himmel! sag ich: will er machen, Freund, daß er wegkömmt? Die Franzosen sind ja dicht vor dem Dorf! „Ei, was!" spricht er, indem er dem Pferde den Zügel über den Hals legt. „Ich habe den ganzen Tag nichts genossen!" Nun er ist[5], glaub ich, vom Satan besessen –! He! Liese! rief ich, und schaff ihm eine Flasche Danziger herbei, und sage: da! und will ihm die ganze Flasche in die Hand drücken, damit er nur reite. „Ach, was!" spricht er, indem er die Flasche wegstößt, und sich den Hut abnimmt: „wo soll ich mit dem Quark hin?" Und: „schenk er ein!" spricht er, indem er sich den Schweiß von der Stirn abtrocknet: „denn ich habe keine Zeit!" Nun er ist ein Kind des Todes, sag ich. Da! sag ich, und schenk ihm ein; da! trink er und reit er! Wohl mags ihm bekommen: „Noch eins!" spricht der Kerl; während die Schüsse schon von allen Seiten ins Dorf prasseln. Ich sage: noch eins? Plagt ihn –![6] „Noch eins!" spricht er, und streckt mir das Glas hin – „Und gut gemessen", spricht er, indem er sich den Bart wischt, und sich vom Pferde herab schneuzt: „denn es wird bar bezahlt!" Ei, mein Seel, so wollt ich doch, daß ihn –![7] Da! sag ich, und schenk ihm noch, wie er verlangt, ein zweites, und schenk ihm, da er getrunken, noch ein drittes ein, und frage: ist er nun zufrieden? „Ach!" – schüttelt sich der Kerl. „Der Schnaps ist gut! – Na!" spricht er, und setzt sich den Hut auf: „was bin ich schuldig?" Nichts! nichts! versetz ich. Pack er sich, ins Teufelsnamen; die Franzosen ziehen

1 *Anekdote [...]:* Die Anekdote erschien in den „Berliner Abendblättern" vom 6.10.1810 ohne Unterzeichnung des Autors mit seinem Namen wie die meisten der in den „Abendblättern" publizierten Kleist-Texte. Seine Verfasserschaft kann demnach nur erschlossen werden, gilt für die *Anekdote* jedoch als so gut wie sicher. Sie geht vielleicht auf eine mündliche Überlieferung zurück.

2 *nach der Schlacht*: Der Sieg der napoleonischen Armee in der Schlacht bei Jena am 14.10.1806 besiegelte den Zusammenbruch Preußens.

3 *Prinz von Hohenlohe*: Friedrich Ludwig Fürst von Hohenlohe-Ingelfingen (1746–1818), Kommandant der unterlegenen Armee

4 *werfen:* mit Schwung in die Scheide befördern

5 *Nun er ist [...]:* Der Satz wird durch das syntaktisch isoliert stehende „Nun" eingeleitet, das Kleist aber nicht durch Komma abtrennt. Ebenso: Z. 20.

6 *Plagt ihn –!:* Zu ergänzen ist wohl: „der Satan". Ebenso: S. 63, Z. 3.

7 *dass ihn –!*: zu ergänzen: „der Satan hole"

augenblicklich ins Dorf! „Na!“ sagt er, indem er in seinen Stiefel greift: „so solls ihm Gott lohnen“, und holt, aus dem Stiefel, einen Pfeifenstummel hervor, und spricht, nachdem er den Kopf[1] ausgeblasen: „schaff er mir Feuer!“ Feuer? sag ich: plagt ihn –? „Feuer, ja!“ spricht er: „denn ich will mir eine Pfeife Tabak anmachen.“ Ei, den Kerl reiten Legionen –![2] He, Liese, ruf ich das Mädchen! und während der Kerl sich die Pfeife stopft, schafft das Mensch[3] ihm Feuer. „Na!“ sagt der Kerl, die Pfeife, die er sich angeschmaucht, im Maul: „nun sollen doch die Franzosen die Schwerenot[4] kriegen!“ Und damit, indem er sich den Hut in die Augen drückt, und zum Zügel greift, wendet er das Pferd und zieht von Leder[5]. Ein Mordkerl! sag ich; ein verfluchter, verwetterter[6] Galgenstrick[7]! Will er sich ins Henkers Namen scheren, wo er hingehört? Drei Chasseurs[8] – sieht er nicht? halten ja schon vor dem Tor? „Ei was!“ spricht er, indem er ausspuckt; und faßt die drei Kerls blitzend ins Auge. „Wenn ihrer zehen wären, ich fürcht mich nicht.“ Und in dem Augenblick reiten auch die drei Franzosen schon ins Dorf. „Bassa Manelka[9]!“ ruft der Kerl, und gibt seinem Pferde die Sporen und sprengt auf sie ein; sprengt, so wahr Gott lebt, auf sie ein, und greift sie, als ob er das ganze Hohenlohische Korps hinter sich hätte, an; dergestalt, daß, da die Chasseurs, ungewiß, ob nicht noch mehr Deutsche im Dorf sein mögen, einen Augenblick, wider ihre Gewohnheit, stutzen, er, mein Seel[10], ehe man noch eine Hand umkehrt, alle drei vom Sattel haut, die Pferde, die auf dem Platz herumlaufen, aufgreift, damit bei mir vorbeisprengt, und: „Bassa Teremtetem!“ ruft, und: „Sieht er wohl, Herr Wirt?“ und „Adies!“ und „auf Wiedersehn!“ und: „hoho! hoho! hoho!“ – – So einen Kerl, sprach der Wirt, habe ich zeit meines Lebens nicht gesehen.

1 *Kopf*: Pfeifenkopf
2 *den Kerl reiten Legionen*: zu *reiten:* hier: jmdn. beherrschen; *Legion:* große Anzahl, Menge(n); zu ergänzen: „von Teufeln“; *Legionen*: auch: „das Gefolge des Teufels“
3 *das Mensch*: zunächst gleichbedeutend mit der maskulinen Form: der Mensch, dann: weibliche Person, später regional (abfällig): die Frau; hier: Magd
4 *Schwerenot*: Krankheit (Epilepsie); oft, wie hier, als Verwünschung gebraucht
5 *vom Leder ziehen*: das Schwert aus der Lederscheide ziehen
6 *verwettert*: verdammt, verteufelt; zu: *wettern:* laut und heftig schimpfen
7 *Galgenstrick*: verfluchter Strolch, Taugenichts
8 *Chasseur* (frz.): Jäger
9 *Bassa Manelka*: wie „Bassa Teremtetem“ (Z. 20) ungarische Husarenflüche aus den Türkenkriegen
10 *mein Seel*: (bei) meiner Seele: So wahr ich lebe!

# Über das Marionettentheater[1]

Als ich den Winter 1801 in M… zubrachte[2], traf ich daselbst eines Abends, in einem öffentlichen Garten, den Herrn C. an, der seit kurzem, in dieser Stadt, als erster Tänzer der Oper, angestellt war, und bei dem Publiko außerordentliches Glück machte[3].

Ich sagte ihm, daß ich erstaunt gewesen wäre, ihn schon mehrere Mal in einem Marionettentheater zu finden, das auf dem Markte zusammengezimmert worden war, und den Pöbel[4], durch kleine dramatische Burlesken[5], mit Gesang und Tanz durchwebt, belustigte.

Er versicherte mir, daß ihm die Pantomimik[6] dieser Puppen viel Vergnügen machte, und ließ nicht undeutlich merken, daß ein Tänzer, der sich ausbilden wolle, mancherlei von ihnen lernen könne.

Da die Äußerung mir, durch die Art, wie er sie vorbrachte, mehr, als ein bloßer Einfall schien, so ließ ich mich bei ihm nieder, um ihn über die Gründe, auf die er eine so sonderbare Behauptung stützen könne, näher zu vernehmen.

Er fragte mich, ob ich nicht, in der Tat, einige Bewegungen der Puppen, besonders der kleineren, im Tanz sehr graziös gefunden hatte.

Diesen Umstand konnt ich nicht leugnen. Eine Gruppe von vier Bauern, die nach einem raschen Takt die Ronde[7] tanzte, hätte von Teniers[8] nicht hübscher gemalt werden können.

Ich erkundigte mich nach dem Mechanismus dieser Figuren, und wie es möglich wäre, die einzelnen Glieder derselben und ihre Punkte, ohne Myriaden[9] von Fäden an den Fingern zu haben, so zu regieren, als es der Rhythmus der Bewegungen, oder der Tanz, erfordere?

Er antwortete, daß ich mir nicht vorstellen müsse, als ob jedes Glied einzeln, während der verschiedenen Momente des Tanzes, von dem Maschinisten[10] gestellt und gezogen würde.

1 *Über das Marionettentheater*: Der Text erschien in vier Folgen in den „Berliner Abendblättern", Bl. 63–66 vom 12.–15. 12. 1810, unterzeichnet mit H. v. K.
Die vier Folgen deuten eine Gliederung des Textes an: I (S. 63, Z. 1 – S. 65, Z. 7); II (S. 65, Z. 8 – S. 68, Z. 15); III (S. 68, Z. 16 – S. 70, Z. 11); IV (S. 70, Z. 12 – S. 71, Z. 23).
2 *Winter 1801 in M… zubrachte*: Im Sommer 1803 hielt sich Kleist in Mailand auf, das für seine Kunst des Marionettentheaters berühmt war.
3 *außerordentliches Glück machen*: sehr erfolgreich, angesehen sein
4 *Pöbel*: frz. „peuple": Volk; hier: das niedere Volk, die Leute
5 *Burleske*: komisches Improvisationsstück, Schwank, Posse
6 *Pantomimik*: Mienenspiel, Gebärden, Körperhaltung, Gang, tänzerische Bewegungen im Gegensatz zum sprachlichen Ausdruck
7 *Ronde*: frz. „ronde": Rundtanz
8 *Teniers*: niederländische Maler des 17. Jh.s: David Tenier der Ältere und der Jüngere
9 *Myriaden*: unzählige Mengen
10 *Maschinisten*: Marionettenspieler. „Maschinisten" akzentuiert allein die mechanische Seite des Marionettenspiels.

Jede Bewegung, sagte er, hätte einen Schwerpunkt[1]; es wäre genug, diesen, in dem Innern der Figur, zu regieren; die Glieder, welche nichts als Pendel wären, folgten, ohne irgend ein Zutun, auf eine mechanische Weise von selbst.

Er setzte hinzu, daß diese Bewegung sehr einfach wäre; daß jedesmal, wenn der Schwerpunkt in einer *graden Linie* bewegt wird, die Glieder schon *Kurven* beschrieben; und daß oft, auf eine bloß zufällige Weise erschüttert, das Ganze schon in eine Art von rhythmische Bewegung käme, die dem Tanz ähnlich wäre.

Diese Bemerkung schien mir zuerst einiges Licht über das Vergnügen zu werfen[2], das er in dem Theater der Marionetten zu finden vorgegeben hatte. Inzwischen ahndete ich bei weitem die Folgerungen noch nicht, die er späterhin daraus ziehen würde.

Ich fragte ihn, ob er glaubte, daß der Maschinist, der diese Puppen regierte, selbst ein Tänzer sein, oder wenigstens einen Begriff vom Schönen im Tanz haben müsse?

Er erwiderte, daß wenn ein Geschäft, von seiner mechanischen Seite, leicht sei, daraus noch nicht folge, daß es ganz ohne Empfindung betrieben werden könne.

Die Linie, die der Schwerpunkt zu beschreiben hat, wäre zwar sehr einfach, und, wie er glaube, in den meisten Fällen, gerad. In Fällen, wo sie krumm sei, scheine das Gesetz ihrer Krümmung wenigstens von der ersten oder höchstens zweiten Ordnung[3]; und auch in diesem letzten Fall nur elliptisch, welche Form der Bewegung den Spitzen[4] des menschlichen Körpers (wegen der Gelenke) überhaupt die natürliche sei, und also dem Maschinisten keine große Kunst koste, zu verzeichnen[5].

Dagegen wäre diese Linie[6] wieder, von einer andern Seite, etwas sehr Geheimnisvolles. Denn sie wäre nichts anders, als der *Weg der Seele des Tänzers*; und er zweifle daß sie anders gefunden werden könne, als dadurch, daß sich der Maschinist in den Schwerpunkt der Marionette versetzt[7], d. h. mit andern Worten, *tanzt*.

Ich erwiderte, daß man mir das Geschäft desselben als etwas ziemlich Geistloses vorgestellt hätte: etwa was das Drehen einer Kurbel sei, die eine Leier[8] spielt.

1 *Jede Bewegung […] hätte einen Schwerpunkt*: „Exakter: Die bewegten Massen haben einen Schwerpunkt." (Müller-Salget, S. 1141)

2 *Licht […] zu werfen*: etwas deutlich werden lassen

3 *ersten oder […] zweiten Ordnung*: „Die zu beschreibenden Kurven lassen sich in algebraischen Gleichungen ersten oder zweiten Grades ausdrücken." (Müller-Salget, S. 1141)

4 *Spitzen*: die äußersten Enden, Extremitäten, Gliedmaßen

5 *zu verzeichnen*: nachzuzeichnen

6 *diese Linie*: Z. 16; Vgl. Z. 1 ff.

7 *daß sich der Maschinist […] versetzt*: seine „Seele" (Z. 23) „in den Schwerpunkt der Marionette" verlegt, d. h.: sich mit ihr identifiziert, als ob er selbst tanze

8 *Leier*: Leierkasten, Drehorgel

Keineswegs, antwortete er. Vielmehr verhalten sich die Bewegungen seiner Finger zur Bewegung der daran befestigten Puppen ziemlich künstlich[1], etwa wie Zahlen zu ihren Logarithmen[2] oder die Asymptote[3] zur Hyperbel.

Inzwischen[4] glaube er, daß auch dieser letzte Bruch[5] von Geist, von dem er gesprochen, aus den Marionetten entfernt werden, daß ihr Tanz gänzlich ins Reich mechanischer Kräfte hinübergespielt, und vermittelst einer Kurbel, so wie ich es mir gedacht, hervorgebracht werden könne[6].

Ich äußerte meine Verwunderung zu sehen, welcher Aufmerksamkeit er diese, für den Haufen[7] erfundene, Spielart einer schönen Kunst würdigte. Nicht bloß, daß er sie einer höheren Entwickelung für fähig halte: er scheine sich sogar selbst damit zu beschäftigen.

Er lächelte, und sagte, er getraue sich zu behaupten, daß wenn ihm ein Mechanikus, nach den Forderungen[8], die er an ihn zu machen dächte, eine Marionette bauen wollte, er vermittelst derselben einen Tanz darstellen würde, den weder er, noch irgend ein anderer geschickter Tänzer seiner Zeit, Vestris[9] selbst nicht ausgenommen, zu erreichen imstande wäre.

Haben Sie, fragte er, da ich den Blick schweigend zur Erde schlug: haben Sie von jenen mechanischen Beinen gehört, welche englische Künstler für Unglückliche verfertigen, die ihre Schenkel verloren haben?

Ich sagte, nein: dergleichen wäre mir nie vor Augen gekommen.

Es tut mir leid, erwiderte er; denn wenn ich Ihnen sage, daß diese Unglücklichen damit tanzen, so fürchte ich fast, Sie werden es mir nicht glauben. – Was sag ich, tanzen? Der Kreis ihrer Bewegungen ist zwar beschränkt; doch diejenigen, die ihnen zu Gebote stehen, vollziehen sich mit einer Ruhe, Leichtigkeit und Anmut, die jedes denkende Gemüt in Erstaunen setzen.

Ich äußerte, scherzend, daß er ja, auf diese Weise, seinen Mann gefunden habe. Denn derjenige Künstler, der einen so merkwürdigen Schenkel zu bauen imstande sei, würde ihm unzweifelhaft auch eine ganze Marionette, seinen Forderungen gemäß, zusammensetzen können.

1 *künstlich*: hier wohl in der ursprünglichen Bedeutung: klug, geschickt, also: kunstvoll: mit künstlerischem Geschick, technischem Können, im Gegensatz („Keineswegs“, Z. 1) zu: „etwas ziemlich Geistloses“, (S. 64, Z. 26)

2 *Logarithmus*: Zahl, mit der eine andere Zahl (Basis) potenziert werden muss, um eine vorgegebene Zahl (Numerus) zu erhalten

3 *Asymptote*: Gerade, der sich eine ins Unendliche verlaufende Kurve (hier: „Hyperbel“) beliebig nähert, ohne sie zu erreichen

4 *inzwischen*: hier: indessen, jedoch

5 *Bruch*: hier wohl im Sinne von „Bruchteil“

6 *hervorgebracht werden könne*: Hier endet die erste Folge des Erstdrucks, vgl. S. 63, Anm. 1.

7 *Haufen*: Menge, Masse (der Menschen), vgl. S. 63, Anm. 4

8 *Forderung*: Anforderung, Anspruch

9 *Marie-Jean-Augustin Vestris-Allard (1760–1842):* Solotänzer der Pariser Oper

Der kapitolinische Dornauszieher (römische Bronzefigur, 1. Jh. v. Chr.)

Wie, fragte ich, da er seinerseits ein wenig betreten zur Erde sah: wie sind denn diese Forderungen, die Sie an die Kunstfertigkeit desselben zu machen gedenken, bestellt?

Nichts, antwortete er, was sich nicht auch schon hier fände; Ebenmaß, Beweglichkeit, Leichtigkeit – nur alles in einem höheren Grade; und besonders eine naturgemäßere Anordnung der Schwerpunkte.

Und der Vorteil, den diese Puppe vor lebendigen Tänzern voraus haben würde?

Der Vorteil? Zuvörderst[1] ein negativer[2], mein vortrefflicher Freund, nämlich dieser, daß sie sich niemals *zierte*[3]. – Denn Ziererei erscheint, wie Sie wissen, wenn sich die Seele (vis motrix[4]) in irgend einem andern Punkte befindet, als in dem Schwerpunkt der Bewegung. Da der Maschinist nun schlechthin, vermittelst des Drahtes oder Fadens[5], keinen andern Punkt in seiner Gewalt hat, als diesen: so sind alle übrigen Glieder, was sie sein sollen, tot, reine Pendel, und folgen dem bloßen Gesetz der Schwere[6]; eine vortreffliche Eigenschaft, die man vergebens bei dem größesten Teil unsrer Tänzer sucht.

Sehen Sie nur die P… an, fuhr er fort, wenn sie die Daphne[7] spielt, und sich, verfolgt vom Apoll[8], nach ihm umsieht; die Seele sitzt ihr in den Wirbeln des Kreuzes; sie beugt sich, als ob sie brechen wollte, wie eine Najade[9] aus der Schule Bernins[10]. Sehen Sie den jungen F… an, wenn er, als Paris[11], unter den drei Göttinnen steht, und der Venus den Apfel überreicht: die Seele sitzt ihm gar (es ist ein Schrecken, es zu sehen) im Ellenbogen.

Solche Mißgriffe[12], setzte er abbrechend hinzu, sind unvermeidlich, seitdem wir von dem Baum der Erkenntnis gegessen haben[13]. Doch das Paradies ist verriegelt[14]

1 *zuvörderst*: zuerst
2 *ein negativer:* Auch hier handelt es sich (wie S. 68, Z. 6) der Sache nach um einen „positiven" Vorteil (vgl. Anm. 3).
3 *sich niemals zierte*: zieren würde: sich mit gekünstelter Zurückhaltung weigern würde zu tun, wozu der Mechanismus sie zwingt, vgl. S. 63, Z. 22 ff.
4 *vis motrix* (lat.): bewegende Kraft
5 *vermittelst des Drahtes oder Fadens*: Es gibt Marionetten, die an einem Draht oder einem einzigen Faden geführt werden.
6 *Schwere*: Schwerkraft
7 *Daphne:* griech. Nymphe, auf der Flucht vor Apoll in einen Lorbeerbaum verwandelt
8 *Apoll:* griech. Gott, der sich unsterblich in Daphne verliebt hatte
9 *Najade*: Nymphe, anmutige Naturgottheit, die in Quellen und Gewässern lebt
10 *Gian Lorenzo Bernini (1598–1680):* italienischer Bildhauer und Architekt, zu dessen Werken auch die Skulptur *Apoll und Daphne* gehört
11 *Paris*: trojanischer Königssohn, der Aphrodite (Venus) als die schönste unter den „drei Göttinnen" (außer ihr Hera und Athene) auswählte und ihr als Preis einen Apfel überreichte
12 *Mißgriff*: Vgl. Z. 11 ff., insbesondere Z. 16 ff.
13 *unvermeidlich […] gegessen haben*: Vgl. S. 69, Z. 5 ff. und Anm. 6.
14 *Doch das Paradies ist verriegelt*: Gott bestrafte den Verstoß gegen sein Gebot, nicht von dem „Baum der Erkenntnis" zu essen, mit der Vertreibung Adams und Evas aus dem Paradies, das er fortan von einem Engel („Cherub", S. 68, Z. 1) mit bloßem Schwert bewachen ließ. Vgl. 1. Mose, 2,9 und 17; 3, 6; 23 f.

und der Cherub hinter uns; wir müssen die Reise um die Welt machen, und sehen, ob es vielleicht von hinten irgendwo wieder offen ist[1].

Ich lachte. – Allerdings, dachte ich, kann der Geist nicht irren, da, wo keiner vorhanden[2] ist. Doch ich bemerkte, daß er noch mehr auf dem Herzen hatte, und bat ihn, fortzufahren.

Zudem, sprach er, haben diese Puppen den Vorteil, daß sie *antigrav*[3] sind. Von der Trägheit der Materie, dieser dem Tanze entgegenstrebendsten aller Eigenschaften, wissen sie nichts: weil die Kraft, die sie in die Lüfte erhebt, größer ist, als jene, die sie an der Erde fesselt. Was würde unsre gute G… darum geben, wenn sie sechzig Pfund leichter wäre, oder ein Gewicht von dieser Größe ihr bei ihren Entrechats[4] und Pirouetten, zu Hülfe käme[5]? Die Puppen brauchen den Boden nur, wie die Elfen, um ihn zu *streifen*, und den Schwung der Glieder, durch die augenblickliche Hemmung neu zu beleben; wir brauchen ihn, um darauf zu *ruhen*, und uns von der Anstrengung des Tanzes zu erholen: ein Moment, der offenbar selber kein Tanz ist, und mit dem sich weiter nichts anfangen läßt, als ihn möglichst verschwinden zu machen[6].

Ich sagte, daß, so geschickt er auch die Sache seiner Paradoxe[7] führe, er mich doch nimmermehr glauben machen würde, daß in einem mechanischen Gliedermann mehr Anmut enthalten sein könne, als in dem Bau des menschlichen Körpers.

Er versetzte, daß es dem Menschen schlechthin unmöglich wäre, den Gliedermann darin auch nur zu erreichen. Nur ein Gott könne sich, auf diesem Felde, mit der Materie messen; und hier sei der Punkt, wo die beiden Enden der ringförmigen Welt in einander griffen[8].

Ich erstaunte immer mehr, und wußte nicht, was ich zu so sonderbaren Behauptungen sagen sollte.

1 *von hinten irgendwo wieder offen ist*: Vgl. Anm. 8.
2 *Geist nicht irren […] wo keiner vorhanden*: Vgl. S. 65, Z. 4 ff.
3 *antigrav*: nicht der „Trägheit der Materie", der Schwerkraft (Gravitation) unterworfen
4 *Entrechat*: Luftsprung, bei dem die Fersen mehrfach gekreuzt werden
5 *Gewicht […] käme*: ihr – gegen die Gesetze der Schwerkraft – nicht hinderlich wäre
6 *verschwinden zu machen*: Ende der zweiten Folge, vgl. S. 63, Anm. 1
7 *Paradoxe*: zu griech. „parádoxon": scheinbar unsinnige Behauptung, die aber bei genauerer Betrachtung auf eine höhere oder neuartige Wahrheit hinweist
8 *die beiden Enden […] in einander griffen*: Ausgangs- und Endpunkt eines Ganges um die „ringförmige" , also als Kugel gedachte Welt stimmen überein. Man erreicht den Ausgangspunkt wieder, aber mit dem Bewusstsein der Weltumrundung.

Es scheine, versetzte er, indem er eine Prise Tabak nahm, daß ich das dritte Kapitel vom ersten Buch Moses nicht mit Aufmerksamkeit gelesen[1]; und wer diese erste Periode aller menschlichen Bildung[2] nicht kennt, mit dem könne man nicht füglich über die folgenden, um wie viel weniger über die letzte[3], sprechen.

Ich sagte, daß ich gar wohl wüßte, welche Unordnungen, in der natürlichen Grazie des Menschen, das Bewußtsein anrichtet. Ein junger Mann von meiner Bekanntschaft hätte, durch eine bloße Bemerkung, gleichsam vor meinen Augen, seine Unschuld verloren, und das Paradies derselben, trotz aller ersinnlichen Bemühungen, nachher niemals wieder gefunden. – Doch, welche Folgerungen, setzte ich hinzu, können Sie daraus ziehen?

Er fragte mich, welch einen Vorfall ich meine?

Ich badete mich, erzählte ich, vor etwa drei Jahren, mit einem jungen Mann, über dessen Bildung[4] damals eine wunderbare Anmut verbreitet war. Er mochte ohngefähr in seinem sechszehnten Jahre stehn, und nur ganz von fern ließen sich, von der Gunst der Frauen herbeigerufen, die ersten Spuren von Eitelkeit erblicken. Es traf sich, daß wir grade kurz zuvor in Paris den Jüngling gesehen hatten, der sich einen Splitter aus dem Fuße zieht[5]; der Abguß der Statue ist bekannt und befindet sich in den meisten deutschen Sammlungen. Ein Blick, den er in dem Augenblick, da er den Fuß auf den Schemel setzte, um ihn abzutrocknen, in einen großen Spiegel warf, erinnerte ihn daran; er lächelte und sagte mir, welch eine Entdeckung[6] er gemacht habe. In der Tat hatte ich, in eben diesem Augenblick, dieselbe gemacht; doch sei es, um die Sicherheit der Grazie, die ihm beiwohnte, zu prüfen, sei es, um seiner Eitelkeit ein wenig heilsam zu begegnen: ich lachte und erwiderte – er sähe wohl Geister! Er errötete, und hob den Fuß zum zweitenmal, um es mir zu zeigen; doch der Versuch, wie sich leicht hätte voraussehn lassen, mißglückte. Er hob verwirrt den Fuß zum dritten und vierten, er hob ihn wohl noch zehnmal: umsonst! er war außerstand, dieselbe Bewegung wieder

1 *das dritte Kapitel […]:* Während im 2. Kapitel Gott den Menschen angedroht hatte, sie würden nach dem Essen vom „Baum der Erkenntnis […] des Todes sterben“, verheißt ihnen die Schlange in 3,4 f.: „Ihr werdet mitnichten des Todes sterben; sondern Gott weiß, dass, welches Tages ihr davon esset, so werden eure Augen aufgetan, und werdet sein wie Gott […].“ Der Akzent liegt auf der „Gottähnlichkeit“. So auch: „Siehe, Adam ist geworden als unser einer“. Direkt anschließend aber geht es um die „Gottgleichheit“; „dass er nicht ausstrecke seine Hand und breche auch von dem Baum des Lebens und esse und lebe ewiglich!“. Um diese ihm vorbehaltene, ihn vom Menschen unterscheidende Unsterblichkeit zu bewahren, vertreibt Gott Adam aus dem Paradies und „verriegelt“ es.

2 *Bildung*: hier: Herausbildung, im Sinne von „Entwicklung“

3 *diese erste Periode […] die letzte*: Vorausweisung auf den Schluss des Textes: „das letzte Kapitel von der Geschichte der Welt“

4 *Bildung*: hier: Entwicklungszustand

5 *Jüngling […] Splitter aus dem Fuße zieht*: antike Plastik des „Dornausziehers“, vgl. S. 66

6 *Entdeckung*: Beim Blick in den Spiegel erinnert sich der Jüngling an den Dornauszieher und entdeckt dabei zugleich sich selbst als Person. Dieses Gewahrwerden seiner selbst wie das Lachen und die Bemerkung des Erzählers versetzen ihn in Verwirrung und Beschämung („Er errötete“). Er ist nicht mehr fähig, die unwillkürliche, unbewusste Bewegung zu wiederholen. Er hat seine „Unschuld verloren“, seine „natürliche Grazie“ eingebüßt.

hervorzubringen – was sag ich? die Bewegungen, die er machte, hatten ein so komisches Element, daß ich Mühe hatte, das Gelächter zurückzuhalten: –

Von diesem Tage, gleichsam von diesem Augenblick an, ging eine unbegreifliche Veränderung mit dem jungen Menschen vor. Er fing an, tagelang vor dem Spiegel zu stehen; und immer ein Reiz nach dem anderen verließ ihn. Eine unsichtbare und unbegreifliche Gewalt schien sich, wie ein eisernes Netz, um das freie Spiel seiner Gebärden zu legen, und als ein Jahr verflossen war, war keine Spur mehr von der Lieblichkeit in ihm zu entdecken, die die Augen der Menschen sonst, die ihn umringten, ergötzt hatte. Noch jetzt lebt jemand, der ein Zeuge jenes sonderbaren und unglücklichen Vorfalls war, und ihn, Wort für Wort, wie ich ihn erzählt, bestätigen könnte[1]. –

Bei dieser Gelegenheit, sagte Herr C... freundlich, muß ich Ihnen eine andere Geschichte erzählen, von der Sie leicht begreifen werden, wie sie hierher gehört.

Ich befand mich, auf meiner Reise nach Rußland, auf einem Landgut des Herrn v. G. . ., eines livländischen Edelmanns, dessen Söhne sich eben damals stark im Fechten übten. Besonders der ältere, der eben von der Universität zurückgekommen war, machte den Virtuosen, und bot mir, da ich eines Morgens auf seinem Zimmer war, ein Rapier[2] an. Wir fochten; doch es traf sich, daß ich ihm überlegen war; Leidenschaft kam dazu, ihn zu verwirren; fast jeder Stoß, den ich führte, traf, und sein Rapier flog zuletzt in den Winkel. Halb scherzend, halb empfindlich, sagte er, indem er das Rapier aufhob, daß er seinen Meister gefunden habe: doch alles auf der Welt finde den seinen, und fortan[3] wolle er mich zu dem meinigen führen. Die Brüder lachten laut auf, und riefen: Fort! fort! In den Holzstall herab! und damit nahmen sie mich bei der Hand und führten mich zu einem Bären, den Herr v. G..., ihr Vater, auf dem Hofe auferziehen ließ.

Der Bär stand, als ich erstaunt vor ihn trat, auf den Hinterfüßen, mit dem Rücken an einem Pfahl gelehnt, an welchem er angeschlossen war, die rechte Tatze schlagfertig erhoben, und sah mir ins Auge: das war seine Fechterpositur. Ich wußte nicht, ob ich träumte, da ich mich einem solchen Gegner gegenüber sah; doch: stoßen Sie! stoßen Sie! sagte Herr v. G..., und versuchen Sie, ob Sie ihm eins beibringen können! Ich fiel, da ich mich ein wenig von meinem Erstaunen erholt hatte, mit dem Rapier auf ihn aus[4]; der Bär machte eine ganz kurze Bewegung mit der Tatze und parierte den Stoß. Ich versuchte ihn durch Finten[5] zu verführen; der Bär rührte sich nicht. Ich fiel wieder, mit einer augenblicklichen Gewandtheit, auf ihn aus, eines Menschen Brust würde ihn ohnfehlbar getroffen haben: der Bär machte eine ganz kurze Bewegung mit der Tatze und parierte den Stoß. Jetzt war ich fast in dem Fall des jungen

1 *bestätigen könnte*: Ende der dritten Folge, vgl. S. 63, Anm. 1
2 *Rapier*: frz. „rapière“: degenartige Fechtwaffe
3 *fortan:* von nun an; hier wohl im Sinne von: nun, sofort
4 *fiel [...] auf ihn aus*: Angriffsbewegung beim Fechten, bei der sich der bewaffnete Arm und das ihm entsprechende Bein nach vorn bewegen
5 *Finte*: vorgetäuschter Stoß, bei dem die Reaktion des Gegners erwartet und für eigene Zwecke ausgenutzt wird

Herrn v. G... Der Ernst des Bären kam hinzu, mir die Fassung zu rauben, Stöße und Finten wechselten sich, mir triefte der Schweiß: umsonst! Nicht bloß, daß der Bär, wie der erste Fechter der Welt, alle meine Stöße parierte; auf Finten (was ihm kein Fechter der Welt nachmacht) ging er gar nicht einmal ein[1]: Aug in Auge, als ob er meine Seele darin lesen könnte, stand er, die Tatze schlagfertig erhoben, und wenn meine Stöße nicht ernsthaft gemeint waren, so rührte er sich nicht.

Glauben Sie diese Geschichte?

Vollkommen! rief ich, mit freudigem Beifall; jedwedem Fremden, so wahrscheinlich ist sie; um wie viel mehr Ihnen!

Nun, mein vortrefflicher Freund, sagte Herr C..., so sind Sie im Besitz von allem, was nötig ist, um mich zu begreifen. Wir sehen, daß in dem Maße, als, in der organischen Welt[2], die Reflexion dunkler und schwächer wird, die Grazie darin immer strahlender und herrschender hervortritt. – Doch so, wie sich der Durchschnitt zweier Linien, auf der einen Seite eines Punkts, nach dem Durchgang durch das Unendliche, plötzlich wieder auf der andern Seite einfindet, oder das Bild des Hohlspiegels, nachdem es sich in das Unendliche entfernt hat, plötzlich wieder dicht vor uns tritt: so findet sich auch, wenn die Erkenntnis gleichsam durch ein Unendliches gegangen ist, die Grazie wieder ein[3]; so, daß sie, zu gleicher Zeit, in demjenigen menschlichen[4] Körperbau am reinsten erscheint, der entweder gar keins, oder ein unendliches Bewußtsein hat, d. h. in dem Gliedermann, oder in dem Gott.

Mithin, sagte ich ein wenig zerstreut, müßten wir wieder von dem Baum der Erkenntnis essen, um in den Stand der Unschuld zurückzufallen[5]?

Allerdings, antwortete er; das ist das letzte Kapitel von der Geschichte der Welt[6].

1 *auf Finten [...] ging er gar nicht einmal ein:* Neueren Forschungen zufolge „registriert das Auge des Bären mehr Bilder pro Sekunde [...] als das des Menschen“. Das könnte das „Nichtreagieren auf Finten erklären“ (Müller-Salget, S. 1145).

2 *organischen:* im Gegensatz zu „mechanischen“: „mechanischen Gliedermann“ zu: „Bau des menschlichen Körpers“, vgl. S. 68, Z. 17 f.

3 *so findet sich auch [...] die Grazie wieder ein*: Demnach ist die Grazie nicht wiederzuerlangen durch Regression, die Rückkehr zu einem vorbewussten Zustand („das Paradies ist verriegelt“, S. 67, Z. 23). Es bedarf vielmehr eines Fortschreitens der Erkenntnis durch „ein Unendliches“, ein „unendliches Bewusstsein“ (das Gottes), um die „Grazie“ (Z. 18), die verlorene Unschuld (S. 69, Z. 6 ff.; S. 71, Z. 22) zurückzugewinnen. Vgl. Anm. 5.

4 *menschlich*: menschenähnlich. Das gilt auch für Gott in der Umkehrung der Vorstellung, dass Gott den Menschen nach seinem Ebenbild schuf.

5 *zurückfallen*: Hier offenbar im Sinne von „zurückkehren“ in den „Stand der Unschuld“ (vgl. Anm. 3), jetzt aber auf einer höheren Stufe, auf der die Trennung von Natur und Bewusstsein überwunden ist, die neben der Selbsterkenntnis auch die Welterkenntnis, neben der Selbst- und der Weltreflexion auch die Reflexion auf die Reflexion umfasst, gleichsam eine potenzierte Reflexion, ein „unendliches Bewusstsein“, das Gottes, entsprechend der Verheißung der Schlange: Ihr „werdet sein wie Gott“ (1. Mose 3,5; vgl. S. 69, Anm. 1).

6 *das letzte Kapitel [...] Welt*: Hier wie so oft (vgl. insbesondere *Das Erdbeben in Chili)* kehrt Kleist biblische Vorstellungen um: Die Rückkehr in den Stand der „neuen“ Unschuld (vgl. Anm. 5), nach Herrn C... das letzte Kapitel der Weltgeschichte, entspräche, entgegen der neutestamentlichen „Menschwerdung“ Gottes, der „Gottwerdung“ des Menschen.

## An Ulrike von Kleist[1]

Berlin, den 5. Februar 1801

Mein liebes teures Ulrikchen, ich hatte, als ich Schönfeld[2] im Schauspielhause sah, in dem ersten Augenblicke eine unbeschreiblich frohe Hoffnung, daß auch Du in der Nähe sein würdest – und noch jetzt weiß ich nicht recht, warum Du diese gute Gelegenheit, nach Berlin zu kommen, so ungenutzt gelassen hast. Recht herzlich würde ich mich darüber gefreut haben, und ob ich gleich weiß, daß Du daran nicht zweifelst, so schreibe ich es doch auf, weil ich mich noch weit mehr darüber gefreut haben würde, als Du glaubst. Denn hier in der ganzen volkreichen Königsstadt ist auch nicht *ein* Mensch, der mir etwas Ähnliches von dem sein könnte, was Du mir bist. Nie denke ich anders an Dich, als mit Stolz und Freude, denn Du bist die einzige, oder überhaupt der einzige Mensch, von dem ich sagen kann, daß er mich ganz ohne ein eignes Interesse, ganz ohne eigne Absichten, kurz, daß er nur *mich selbst* liebt. Recht schmerzhaft ist es mir, daß ich nicht ein Gleiches von mir sagen kann, obgleich Du es gewiß weit mehr verdienst, als ich; denn Du hast zu viel für mich getan, als daß meine Freundschaft, in welche sich schon die Dankbarkeit mischt, ganz rein sein könnte. Jetzt wieder bietest Du mir durch Schönfeld Deine Hülfe an, und mein unseliges Verhältnis[3] will, daß ich nie geben kann und immer annehmen muß. Kann Wackerbarth[4] mir 200 Rth.[5] geben, so denke ich damit und mit meiner Zulage den äußerst teuren Aufenthalt in Berlin (der mir eigentlich durch die vielen Besuche aus Potsdam[6] teuer wird) bestreiten zu können. Besorge dies, und fürchte nicht, daß ich, wenn ich dankbarer sein muß, Dich weniger aus dem Innersten meiner Seele lieben und ehren werde. –

Ich habe lange mit mir selbst gekämpft, ob ich Schönfelds Vorschlag, ihm nach Werben[7] zu folgen, annehmen sollte, oder nicht. Allein ich mußte mich für das letztere bestimmen, aus Gründen, die ich Dir kürzlich wohl angeben kann. Ich wünsche

1 *Ulrike von Kleist (1774–1849):* Halbschwester Heinrichs von Kleist aus der ersten Ehe seines Vaters, Kleists Lieblingsschwester und zeitlebens eine seiner wichtigsten Bezugspersonen

2 *Johann Heinrich Ernst von Schönfeldt (1773–1812):* Kleists Vetter, mit dem zusammen der Zehnjährige 1788 in Berlin erzogen und unterrichtet wurde

3 *Verhältnis*: hier: unglückliche Umstände, schwierige finanzielle Verhältnisse

4 *Wackerbarth*: hatte 1800 das Kleists Vater gehörende Gut Guhrow gekauft

5 *Rth.*: Reichstaler

6 *vielen Besuche aus Potsdam*: Im Juni 1792 wurde der damals vierzehnjährige Kleist in die preußische Armee aufgenommen, in das angesehene Regiment Garde zu Potsdam. Er nahm 1793/94 am Ersten Koalitionskrieg gegen Frankreich teil und kehrte mit seinem Regiment nach dem Separatfrieden Preußens mit Frankreich 1795 nach Potsdam zurück. Mit einigen seiner Regimentskameraden war er lebenslang befreundet.

7 *Werben:* Schönfeldts Gut bei Cottbus

nämlich von ganzem Herzen diesen für mich traurigen Ort[1] so bald als möglich wieder zu verlassen. So bald ich nach meinem Plan das Studium einiger Wissenschaften hier vollendet habe, so kehre ich ihm den Rücken. Daher wollte ich diesen ersehnten Zeitpunkt nicht gern durch eine Reise weiter herausschieben, als er schon liegt, und daher versagte ich mir das Vergnügen Dich zu sehn – Ach, wie gern hätte ich Dich gesehen in dem stillen Werben, wie vieles hätte ich Dir mitteilen, wie manches von Dir lernen können – Ach, Du weißt nicht, wie es in meinem Innersten aussieht. Aber es interessiert Dich doch? – O gewiß! Und gern möchte ich Dir alles mitteilen, wenn es möglich wäre. Aber es ist nicht möglich, und wenn es auch kein weiteres Hindernis gäbe, als dieses, daß es uns an einem Mittel zur Mitteilung fehlt. Selbst das einzige, das wir besitzen, die Sprache taugt nicht dazu, sie kann die Seele nicht malen, und was sie uns gibt sind nur zerrissene Bruchstücke. Daher habe ich jedesmal eine Empfindung, wie ein Grauen, wenn ich jemandem mein Innerstes aufdecken soll; nicht eben weil es sich vor der Blöße scheut, aber weil ich ihm nicht *alles* zeigen kann, nicht *kann*, und daher fürchten muß, aus den Bruchstücken falsch verstanden zu werden. Indessen: auf diese Gefahr will ich es bei Dir wagen und Dir so gut ich kann, in zerrissenen Gedanken mitteilen, was Interesse für Dich haben könnte.

Noch immer habe ich mich nicht für ein Amt entscheiden können[2] und Du kennst die Gründe. Es gibt Gründe für das Gegenteil, und auch diese brauche ich Dir nicht zu sagen. Gern will ich immer tun, was recht ist, aber was soll man tun, wenn man dies nicht weiß? Dieser innere Zustand der Ungewißheit war mir unerträglich, und ich griff um mich zu entscheiden zu jenem Mittel, durch welches jener Römer in dem Zelte Porsennas[3] diesen König, als er über die Friedensbedingungen zauderte, zur Entscheidung zwang. Er zog nämlich mit Kreide einen Kreis um sich und den König und erklärte, keiner von ihnen würde den Kreis überschreiten, ehe der Krieg oder der Friede entschieden wäre. Fast ebenso machte ich es auch. Ich beschloß, nicht aus dem Zimmer zu gehen, bis ich über einen Lebensplan entschieden wäre; aber 8 Tage vergingen, und ich mußte doch am Ende das Zimmer unentschlossen wieder verlassen. – Ach Du weißt nicht, Ulrike, wie mein Innerstes oft erschüttert ist – – Du verstehst dies doch nicht falsch? Ach, es gibt kein Mittel, sich andern *ganz* verständlich zu machen, und der Mensch hat von Natur keinen andren Vertrauten, als sich selbst.

1 *diesen für mich traurigen Ort*: möglicherweise Frankfurt/Oder. Dort wurde Kleist 1799 an der Universität immatrikuliert, nachdem er kurz zuvor den von ihm gewünschten Abschied aus der Armee erhalten hatte. Sein Studium der Physik und Mathematik, das er als einseitig rational und abstrakt empfand, brach er 1800 nach drei Semestern ab.

2 *nicht für ein Amt entscheiden können*: Bereits am 13.11.1800 schreibt Kleist an seine Verlobte Wilhelmine von Zenge: „Ich will kein Amt nehmen", und legt seine Gründe ausführlich dar: Er will nicht „tun, was der Staat von mir verlangt", ohne untersuchen zu können, „ob das […] gut ist", will kein „bloßes Werkzeug sein" (Sembdner, S. 584). Ein Amt würde ihn „nicht glücklich machen". Er will sein „häusliches Glück" genießen. „Liebe und Bildung sind zwei unerläßliche Bedingungen meines künftigen Glückes" (Sembdner, S. 585), dann weiter: dazu „Freiheit" (Sembdner, S. 585).

3 *jener Römer […] Porsennas*: Der römische Gesandte Lucius Popilius Laenas zwang nicht Porsenna, sondern den syrischen König Antiochus IV. zur Räumung Ägyptens.

Indessen sehe ich doch immer von Tage zu Tage mehr ein, daß ich ganz unfähig bin, ein Amt zu führen. Ich habe mich durchaus daran gewöhnt, eignen Zwecken zu folgen, und dagegen von der Befolgung fremder Zwecke ganz und gar entwöhnt. Letzthin[1] hatte ich eine äußerst widerliche Empfindung. Ich war nämlich in einer Session, denen ich immer noch beiwohne[2], weil ich nicht recht weiß, wie ich mich davon losmachen soll, ohne zu beleidigen. Da wird unter andern Berichten, auch immer im kurzen Nachricht erteilt von dem Inhalt gewisser Journale über Chemie, Mechanik etc. Eines der Mitglieder schlug einen großen Folianten[3] auf, der der 5. Teil eines neu herausgekommenen französischen Werkes über Mechanik war. Er sagte in allgemeinen Ausdrücken, er habe das Buch freilich nur flüchtig durchblättern können, allein es scheine ihm, als ob es wohl allerdings manches enthalten könne, was die Deputation[4] und ihren Zweck interessiert. Darauf fragte ihn der Präsident, ob er glaubte, daß es nützlich wäre, wenn es von einem Mitgliede ganz durchstudiert würde; und als er dies bejahend beantwortete, so wandte sich der Präsident schnell zu mir und sagte: nun Herr v. K. das ist etwas für Sie, nehmen Sie dies Buch zu sich, lesen Sie es durch und statten Sie der Deputation darüber Bericht ab. – Was in diesem Augenblicke alles in meiner Seele vorging kann ich Dir wieder nicht beschreiben. Ein solches Buch kostet wenigstens 1 Jahr Studium, ist neu, folglich sein Wert noch gar nicht entschieden, würde meinen ganzen Studienplan stören etc. etc. Ich hatte aber zum erstenmal in 2 Jahren wieder einen Obern vor mir und wußte in der Verlegenheit nichts zu tun, als mit dem Kopfe zu nicken. Das ärgerte mich aber nachher doppelt, ich erinnerte mich mit Freuden, daß ich noch frei war, und beschloß das Buch ungelesen zu lassen, es folge daraus, was da wolle. – Ich muß fürchten, daß auch dieses mißverstanden wird, weil ich wieder nicht alles sagen konnte.

In Gesellschaften komme ich selten. Die jüdischen würden mir die liebsten sein, wenn sie nicht so pretiös[5] mit ihrer Bildung täten. An dem Juden Cohen[6] habe ich eine interessante Bekanntschaft gemacht, nicht sowohl seinetwillen, als wegen seines prächtigen Kabinetts von physikalischen Instrumenten, das er mir zu benutzen erlaubt hat. Zuweilen bin ich bei Clausius[7], wo die Gäste meistens interessanter sind, als die Wirte. Einmal habe ich getanzt und war vergnügt, weil ich zerstreut war. *Huth*[8] ist hier und hat mich in die gelehrte Welt eingeführt, worin ich mich aber so

1 *letzthin:* hier: letztens, neulich
2 *Session [...] beiwohne:* Sitzung. Seit Dezember 1800 nahm Kleist an den Sitzungen der Technischen Deputation (einer Art Gutachtergremium, vgl. S. 7) teil, um feststellen zu können, ob er sich diesem Fach widmen wolle.
3 *Foliant*: großes Buch im Folio-Format (Größe eines halben Druckbogens)
4 *Deputation*: Vgl. Anm. 2.
5 *pretiös:* geziert, gekünstelt
6 *Ezechiel Benjamin Cohen (um 1768–1844):* Berliner Kaufmann, in dessen Haus Kleist verkehrte
7 *Christian Friedrich Gottlieb Clausius:* angesehener Berliner Tuchhändler, mit dessen Tochter Kleist und Wilhelmine von Zenge befreundet waren
8 *Johann Sigismund Gottfried Huth:* Professor der Mathematik und Physik in Frankfurt/Oder

wenig wohl befinde, als in der ungelehrten. Diese Menschen sitzen sämtlich wie die Raupe auf einem Blatte, jeder glaubt seines sei das beste, und um den Baum bekümmern sie sich nicht.

Ach, liebe Ulrike, ich passe mich nicht unter die Menschen, es ist eine traurige Wahrheit, aber eine Wahrheit; und wenn ich den Grund ohne Umschweif angeben soll, so ist es dieser: sie gefallen mir nicht. Ich weiß wohl, daß es bei dem Menschen, wie bei dem Spiegel, eigentlich auf die eigne Beschaffenheit beider ankommt, wie die äußern Gegenstände darauf einwirken sollen; und mancher würde aufhören über die Verderbtheit der Sitten zu schelten, wenn ihm der Gedanke einfiele, ob nicht vielleicht bloß der Spiegel, in welchen das Bild der Welt fällt, schief und schmutzig ist. Indessen wenn ich mich in Gesellschaften nicht wohl befinde, so geschieht dies weniger, weil andere, als vielmehr weil ich mich selbst nicht zeige, wie ich es wünsche. Die Notwendigkeit, eine Rolle zu spielen, und ein innerer Widerwillen dagegen machen mir jede Gesellschaft lästig, und froh kann ich nur in meiner eignen Gesellschaft sein, weil ich da ganz wahr sein darf. Das darf man unter Menschen nicht sein, und keiner ist es – Ach, es gibt eine traurige Klarheit, mit welcher die Natur viele Menschen, die an dem Dinge nur die Oberfläche sehen, zu ihrem Glücke verschont hat. Sie nennt mir zu jeder Miene den Gedanken, zu jedem Worte den Sinn, zu jeder Handlung den Grund – sie zeigt mir alles, was mich umgibt, und mich selbst in seiner ganzen armseligen Blöße, und dem Herzen ekelt zuletzt vor dieser Nacktheit – – Dazu kommt bei mir eine unerklärliche Verlegenheit, die unüberwindlich ist, weil sie wahrscheinlich eine ganz physische Ursache[1] hat. Mit der größten Mühe nur kann ich sie so verstecken, daß sie nicht auffällt – o wie schmerzhaft ist es, in dem Äußern ganz stark und frei zu sein, indessen man im Innern ganz schwach ist, wie ein Kind, ganz gelähmt, als wären uns alle Glieder gebunden, wenn man sich nie zeigen kann, wie man wohl möchte, nie frei handeln kann, und selbst das Große versäumen muß, weil man vorausempfindet, daß man nicht standhalten wird, indem man von jedem äußern Eindrucke abhangt und das albernste Mädchen oder der elendeste Schuft von Elegant[2] uns durch die matteste Persiflage[3] vernichten kann. – Das alles verstehst Du vielleicht nicht, liebe Ulrike, es ist wieder kein Gegenstand für die Mitteilung, und der andere müßte das alles aus sich selbst kennen, um es zu verstehen.

Selbst die Säule, an welcher ich mich sorst in dem Strudel des Lebens hielt, wankt – – Ich meine, die Liebe zu den Wissenschaften. – Aber wie werde ich mich hier wieder verständlich machen? – Liebe Ulrike, es ist ein bekannter Gemeinplatz, daß das Leben ein schweres Spiel sei; und warum ist es schwer? Weil man beständig und immer von neuem eine Karte ziehen soll und doch nicht weiß, was Trumpf ist; ich meine darum, weil man beständig und immer von neuem handeln soll und doch nicht weiß, was recht ist. *Wissen* kann unmöglich das Höchste sein – handeln ist

1 *Verlegenheit […] physische Ursache*: Kleist hatte offenbar einen Hang zum Stottern.

2 *Elegant*: ein Mensch, der durch seine äußere Erscheinung, insbesondere seine gewählte Kleidung, Aufsehen erregen will

3 *Persiflage*: Verspottung, ironisierende Darstellung

besser als wissen. Aber ein Talent bildet sich im Stillen, doch ein Charakter nur in dem Strome der Welt[1]. Zwei ganz verschiedne Ziele sind es, zu denen zwei ganz verschiedne Wege führen. Kann man sie beide nicht vereinigen, welches soll man wählen? Das höchste, oder das, wozu uns unsre Natur treibt? – Aber auch selbst dann, wenn bloß Wahrheit mein Ziel wäre, – ach, es ist so traurig, weiter nichts, als gelehrt zu sein. Alle Männer, die mich kennen, raten mir, mir irgend einen Gegenstand aus dem Reiche des Wissens auszuwählen und diesen zu bearbeiten – Ja freilich, das ist der Weg zum Ruhme, aber ist dieser mein Ziel? Mir ist es unmöglich, mich wie ein Maulwurf in ein Loch zu graben und alles andere zu vergessen. Mir ist keine Wissenschaft lieber als die andere, und wenn ich eine vorziehe, so ist es nur wie einem Vater immer derjenige von seinen Söhnen der liebste ist, den er eben bei sich sieht. – Aber soll ich immer von einer Wissenschaft zur andern gehen, und immer nur auf ihrer Oberfläche schwimmen und bei keiner in die Tiefe gehen? Das ist die Säule, welche schwankt.

Ich habe freilich einen Vorrat von Gedanken zur Antwort auf alle diese Zweifel. Indessen reif ist noch keiner. – – Goethe sagt[2], wo eine Entscheidung soll geschehen, da muß vieles zusammentreffen. – Aber ist es nicht eine Unart nie den Augenblick der Gegenwart ergreifen zu können, sondern immer in der Zukunft zu leben? – Und doch, wer wendet sein Herz nicht gern der Zukunft zu, wie die Blumen ihre Kelche der Sonne? – Lerne Du nur fleißig aus dem Gaspari[3], und vergiß nicht die Laute. Wer weiß ob wir es nicht früh oder spät brauchen. Gute Nacht, es ist spät. Grüße Deine liebe Wirtin und alle Bekannte. H. K.

N. S. Soeben erfahre ich, daß Minette und Gustel[4] mit der Moltken und Emilien nach Berlin kommen. Heute werden sie ankommen und bei der Schlichting wohnen.

1 *Aber ein Talent […] Welt*: nahezu wörtliches Goethe-Zitat (*Tasso* I,2)
2 *Goethe sagt*: Schiller-Zitat (*Piccolomini* II,6), am Schluss leicht verändert
3 *Adam Christian Gaspari (1752–1830):* Autor geografischer und historischer Handbücher, z. B.: *Handbuch der neuesten Erdbeschreibung* (1797)
4 *Minette und Gustel*: Kleists Halbschwester (Wilhelmine) und Schwester (Auguste)

## An Wilhelmine von Zenge[1]

[An das Stiftsfräulein Wilhelmine v. Zenge Hochwohlgeboren zu Frankfurt a. Oder[2].]

Paris, den 10. Oktober 1801[3]

Liebe Wilhelmine. Also mein letzter Brief hat Dir so viele Freude gemacht? O möchte Dir auch dieser, unter so vielen trüben Tagen, ein paar froher Stunden schenken! Andere beglücken, es ist das reinste Glück auf dieser Erde. – Nur schwer ist es, wenn wir selbst nicht glücklich sind, und andere doch grade in unserm Glücke das ihrige setzen. – Indessen fühle ich mich doch wirklich von Tage zu Tage immer heiterer und heiterer, und hoffe, daß endlich die Natur auch mir einmal das Maß von Glück zumessen wird, das sie allen ihren Wesen schuldig ist. Auf welchem Wege ich es suchen soll, darüber bin ich freilich noch nicht recht einig, obgleich sich mein Herz fast überwiegend immer zu *einem* neigt – Aber ob auch Dein Herz sich dazu neigen wird? –? Ach, Wilhelmine, da bin ich fast schüchtern in der Mitteilung. Aber wenn ich denke, daß Du meine *Freundin* bist, so schwindet alle Zurückhaltung, und darum will ich Dir mancherlei Gedanken, die meine Seele jetzt für die Zukunft bearbeitet, mitteilen.

Ein großes Bedürfnis ist in mir rege geworden, ohne dessen Befriedigung ich niemals glücklich sein werde; es ist dieses, *etwas Gutes zu tun*. Ja, ich glaube fast, daß dieses Bedürfnis bis jetzt immer meiner Trauer dunkel zum Grunde lag, und daß ich mich jetzt seiner bloß deutlich bewußt geworden bin. Es liegt eine Schuld auf dem Menschen, die, wie eine Ehrenschuld, jeden, der Ehrgefühl hat, unaufhörlich mahnt. Vielleicht kannst Du Dir, wie dringend dieses Bedürfnus ist, nicht lebhaft vorstellen. Aber das kommt, weil Dein Geschlecht ein leidendes ist – Besonders seitdem mich die Wissenschaften gar nicht mehr befriedigen, ist dieses Bedürfnis in mir rege geworden. Kurz, es steht fest beschlossen in meiner Seele: ich will diese Schuld abtragen.

Wenn ich mich nun aber umsehe in der Welt, und frage: *wo* gibt es denn wohl etwas Gutes zu tun? – ach, Wilhelmine, darauf weiß ich nur eine einzige Antwort. Es scheint allerdings für ein tatenlechzendes Herz zunächst ratsam, sich einen großen Wirkungskreis zu suchen; aber – liebes Mädchen, Du mußt, was ich Dir auch sagen werde, mich nicht mehr nach dem Maßstabe der Welt beurteilen. Eine Reihe von Jahren, in welchen ich über die Welt im großen frei denken konnte, hat mich dem, was die Menschen Welt nennen, sehr unähnlich gemacht. Manches, was die Menschen ehrwürdig nennen, ist es mir nicht, vieles, was ihnen verächtlich scheint, ist es

1 *Wilhelmine von Zenge (1780–1842):* Kleists Verlobte von 1800 bis 1802

2 *[An das Stiftsfräulein … Oder.]*: Die Anschrift stammt nicht von Kleists Hand.

3 *Paris […] 1801*: Von April bis November: Reise Kleists mit seiner Schwester Ulrike nach Paris. Über den Anlass dieser Reise schreibt Kleist am 9.4.1801, noch vor seiner Abreise (15.4.), an Wilhelmine: „Es war im Grunde nichts, als ein innerlicher Ekel vor aller wissenschaftlichen Arbeit.“ Er wolle auf diesem „große[n] Spaziergang“, „unter der Bewegung einer Fußreise ein neues Ziel suchen, da ich das alte verloren hatte, und zurückkehren, sobald ich es gefunden hätte“ (Sembdner, S. 641).

mir nicht. Ich trage eine innere Vorschrift in meiner Brust, gegen welche alle äußern, und wenn sie ein König unterschrieben hätte, nichtswürdig sind. Daher fühle ich mich ganz unfähig, mich in irgend ein konventionelles Verhältnis der Welt zu passen. Ich finde viele ihrer Einrichtungen so wenig meinem Sinn gemäß, daß es mir unmöglich wäre, zu ihrer Erhaltung oder Ausbildung mitzuwirken. Dabei wüßte ich doch oft nichts Besseres an ihre Stelle zu setzen – Ach, es ist so schwer, zu bestimmen, was gut ist, der Wirkung nach. Selbst manche von jenen Taten, welche die Geschichte bewundert, waren sie wohl *gut* in diesem reinen Sinne? Ist nicht oft ein Mann, der *einem* Volke nützlich ist, verderblich für zehn andere? – Ach, ich kann Dir das alles gar nicht aufschreiben, denn das ist ein endloses Thema. – Ich wäre auch in einer solchen Lage nicht glücklich, o gar nicht glücklich. Doch das sollte mich noch nicht abhalten, hineinzutreten[1], wüßte ich nur etwas wahrhaft Gutes, etwas, das mit meinen innern Forderungen übereinstimmt, zu leisten. – Dazu kommt, daß mir auch, vielleicht durch meine eigne Schuld, die Möglichkeit, eine neue Laufbahn in meinem Vaterlande zu betreten, benommen. Wenigstens würde ich ohne Erniedrigung kaum, nachdem ich zweimal Ehrenstellen ausgeschlagen habe[2], wieder selbst darum anhalten können. Und doch würde ich auch dieses saure Mittel nicht scheuen, wenn es mich nur auch, zum Lohne, an meinen Zweck führte. – Die Wissenschaften habe ich ganz aufgegeben. Ich kann Dir nicht beschreiben, wie ekelhaft mir ein wissender Mensch ist, wenn ich ihn mit einem handelnden vergleiche. Kenntnisse, wenn sie noch einen Wert haben, so ist es nur, insofern sie vorbereiten zum Handeln. Aber unsere Gelehrten, kommen sie wohl, vor allem Vorbereiten, jemals zum Zweck? Sie schleifen unaufhörlich die Klinge, ohne sie jemals zu brauchen, sie lernen und lernen, und haben niemals Zeit, die Hauptsache zu tun. – Unter diesen Umständen in mein Vaterland zurück zu kehren, kann unmöglich ratsam sein. Ja, wenn ich mich über alle Urteile hinweg setzen könnte, wenn mir ein *grünes Häuschen* beschert wäre, das mich und Dich empfinge – Du wirst mich, wegen dieser Abhängigkeit von dem Urteile anderer, schwach nennen, und ich muß Dir darin recht geben, so unerträglich mir das Gefühl auch ist. Ich selbst habe freilich durch einige seltsamen Schritte die

1 *hineinzutreten*: in eine solche Lage

2 *eine neue Laufbahn […] ausgeschlagen habe*: Kleist hat 1799 den Dienst in der Armee quittiert, lehnt ein „Amt“ im Fabrikwesen strikt ab (vgl. S. 73, Anm. 2) und hat die „Wissenschaften […] ganz aufgegeben“ (Z. 18 f.). Damit sind ihm die drei Berufsbereiche Militärdienst, Zivildienst als Beamter und ein Gelehrtendasein verschlossen, die einem preußischen Adligen, der nicht von den Erträgen aus seinem Landbesitz leben konnte, zur Verfügung standen. Mit dem Gedanken, seinen Adelstitel aufzugeben, um einen anderen Beruf zu ergreifen, hat Kleist im Herbst 1800 gespielt, ihn jedoch nicht realisiert, bis 1803 aber fast alle seine Briefe mit „Heinrich Kleist“ oder „H.K.“ unterzeichnet.

Erwartung der Menschen gereizt[1]; und was soll ich nun antworten, wenn sie die Erfüllung von mir fordern? Und warum *soll* ich denn grade *ihre* Erwartung erfüllen? O es ist mir zur Last – Es mag wahr sein, daß ich so eine Art von verunglücktem Genie bin, wenn auch nicht in ihrem Sinne verunglückt, doch in dem meinen. Kenntnisse, was sind sie? Und wenn Tausende mich darin überträfen, übertreffen sie mein Herz? Aber davon halten sie nicht viel – Ohne ein Amt in meinem Vaterlande zu leben, könnte ich jetzt auch wegen meiner Vermögensumstände fast nicht mehr. Ach, Wilhelmine, wie viele traurige Vorstellungen ängstigen mich unaufhörlich, und Du willst, ich soll Dir vergnügt schreiben? Und doch – habe noch ein wenig Geduld. Vielleicht, wenn der Anfang dieses Briefes nicht erfreulich ist, so ist es sein Ende. – Nahrungssorgen, für mich allein, sind es doch nicht eigentlich, die mich sehr ängstigen, denn wenn ich mich an das Bücherschreiben machen wollte, so könnte ich mehr, als ich bedarf, verdienen. Aber *Bücherschreiben* für Geld – o nichts davon. Ich habe mir, da ich unter den Menschen in dieser Stadt so wenig für mein Bedürfnis finde, in einsamer Stunde (denn ich gehe wenig aus) ein Ideal ausgearbeitet; aber ich begreife nicht, wie ein Dichter das Kind seiner Liebe[2] einem so rohen Haufen, wie die Menschen sind, übergeben kann. Bastarde nennen sie es. Dich wollte ich wohl in das Gewölbe führen, wo ich mein Kind, wie eine vestalische Priesterin[3] das ihrige, heimlich aufbewahre bei dem Schein der Lampe. – Also aus diesem Erwerbszweige[4] wird nichts. Ich verachte ihn aus vielen Gründen, das ist genug. Denn nie in meinem Leben, und wenn das Schicksal noch so sehr drängte, werde ich etwas tun, das meinen innern Forderungen, sei es auch noch so leise, widerspräche. – Nun, liebe Wilhelmine, komme ich auf das Erfreuliche. Fasse Mut, sieh mein Bild[5] an, und küsse es. – Da schwebt mir unaufhörlich ein Gedanke vor die Seele – aber wie werde ich ihn aussprechen, damit er Dir heiliger Ernst, und nicht kindisch-träumerisch erscheine? Ein Ausweg bleibt mir übrig, zu dem mich zugleich Neigung und Notwendigkeit führen. – Weißt Du, was die alten Männer tun, wenn sie 50 Jahre lang um Reichtümer und Ehrenstellen gebuhlt haben? Sie lassen sich auf einen Herd nieder, und bebauen ein Feld. Dann, und dann erst, nennen sie sich weise. – Sage mir, könnte man nicht

1 *die Erwartungen [...] gereizt*: In einem Brief vom 12.4.1801 an Kunth, den Direktor der Technischen Deputation (vgl. S. 74, Anm. 2), erklärt Kleist, ganz im Gegensatz zu seiner brieflichen Äußerung gegenüber Wilhelmine (vgl. S. 78, Anm. 3), „daß ich [...] die Laufbahn, die ich betreten hatte, nicht verfolgen darf, weil sich meine Neigung für das Rein-Wissenschaftliche ganz entschieden hat". Und er verbreitet, er wolle in Paris Mathematik und Naturwissenschaft studieren, wozu man ihm allseits gratuliert und Empfehlungsschreiben an Pariser Wissenschaftler mitgibt.

2 *das Kind seiner Liebe*: das von ihm geschriebene Buch

3 *vestalische Priesterin*: der Vesta (Göttin des Herdfeuers) geweihte Priesterin

4 *Erwerbszweige*: „*Bücherschreiben* für Geld" (Z. 13). Erst am 31.8.1806 schreibt er an seinen Freund Rühle: „Ich will mich jetzt durch meine dramatischen Arbeiten ernähren" (Sembdner, S. 769) und bittet ihn um sein Urteil über den eben abgeschlossenen *Zerbrochnen Krug*.

5 *mein Bild*: Kleist schickte es Wilhelmine als Gegengeschenk zu ihrem Bild, ehe er sich auf die Parisreise begab, ohne sich persönlich von ihr zu verabschieden.

klüger sein, als sie, und früher dahin gehen, wohin man am Ende doch soll? – Unter den persischen Magiern gab es ein religiöses Gesetz: ein Mensch könne nichts der Gottheit Wohlgefälligeres tun, als dieses, ein Feld zu bebauen, einen Baum zu pflanzen, und ein Kind zu zeugen[1]. – Das nenne ich Weisheit, und keine Wahrheit hat noch so tief in meine Seele gegriffen, als diese. Das *soll* ich tun, das weiß ich *bestimmt* – Ach, Wilhelmine, welch ein unsägliches Glück mag in dem Bewußtsein liegen, seine Bestimmung *ganz* nach dem Willen der Natur zu erfüllen! Ruhe vor den Leidenschaften!! Ach, der unselige Ehrgeiz, er ist ein Gift für alle Freuden. – Darum will ich mich losreißen, von allen Verhältnissen, die mich unaufhörlich zwingen zu streben, zu beneiden, zu wetteifern. Denn nur *in* der Welt ist es schmerzhaft, wenig zu sein, außer ihr nicht. – Was meinst Du, Wilhelmine, ich habe noch etwas von meinem Vermögen, wenig zwar, doch wird es hinreichen mir etwa in der Schweiz einen Bauerhof zu kaufen, der mich ernähren kann, wenn ich selbst arbeite. Ich habe Dir das so trocken hingeschrieben, weil ich Dich durch Deine Phantasie nicht bestechen wollte. Denn sonst gibt es wohl keine Lage, die für ein reines Herz so unüberschwenglich reich an Genüssen wäre, als diese. – Die Romane haben unsern Sinn verdorben. Denn durch sie hat das Heilige aufgehört, heilig zu sein, und das reinste, menschlichste, einfältigste Glück ist zu einer bloßen Träumerei herabgewürdigt worden. – Doch wie gesagt, ich will Deine Phantasie nicht bestechen. Ich will die schöne Seite dieses Standes gar nicht berühren, und dies einem künftigen Briefe aufbewahren, wenn Du Geschmack an diesem Gedanken finden kannst. Für jetzt prüfe bloß mit Deiner Vernunft. Ich will im eigentlichsten Verstande *ein Bauer* werden, mit einem etwas wohlklingenderen Worte, ein Landmann. – Was meine Familie und die Welt dagegen einwenden möchte, wird mich nicht irre führen. Ein jeder hat seine eigne Art, glücklich zu sein, und niemand darf verlangen, daß man es in der seinigen sein soll. Was ich tue, ist nichts Böses, und die Menschen mögen über mich spötteln so viel sie wollen, heimlich in ihrem Herzen werden sie mich ehren müssen. – Doch wenn auch das nicht wäre, ich selbst ehre mich. Meine Vernunft will es so, und das ist genug.

Aber nun, Wilhelmine, wenn ich diese Forderung meiner Vernunft erfülle, wenn ich mir ein Landgut kaufe, bleibt mir dann kein Wunsch übrig? Fehlt mir dann nichts mehr? Fehlt mir nicht noch ein Weib? Und gibt es ein anderes für mich, als Du? Ach, Wilhelmine, wenn es möglich wäre, wenn Deine Begriffe von Glück hier mit den meinigen zusammenfielen! Denke an die heiligen Augenblicke, die wir durchleben könnten! Doch nichts davon, für jetzt – Denke jetzt vielmehr nur an das, was Dir in dieser Lage vielleicht weniger reizend scheinen möchte. Denke an das Geschäft, das Dir anheimfiele[2] – aber dann denke auch an die Liebe, die es belohnen wird. – Wilhelmine! – Ach, viele Hindernisse schrecken mich fast zurück. Aber wenn es möglich wäre, sie zu übersteigen! – Wilhelmine! Ich fühle, daß es unbescheiden ist, ein *solches* Opfer von Dir zu verlangen. Aber wenn Du es mir bringen könntest! Deine

1 *Gesetz […] zeugen*: nahezu wörtlich aus Montesquieus *Lettres persanes* (119. Brief)
2 *Geschäft […] anheimfiele*: Aufgabe, die Dir zukäme

Erziehung, Deine Seele, Dein ganzes bisheriges Leben ist von der Art, daß es einen solchen Schritt nicht *unmöglich* macht. – Indessen, vielleicht ist es doch anders. Ängstige Dich darum nicht. Ich habe kein Recht auf *solche* Aufopferungen, und wenn Du *dies* mir verweigerst, so werde ich *darum* an Deiner Liebe nicht zweifeln. – Indessen, liebes Mädchen, weiß ich nur fast keinen andern Ausweg. Ich habe mit Ulriken häufig meine Lage und die Zukunft überlegt, und das Mädchen tut alles Mögliche, mich, wie sie meint, auf den rechten Weg zurückzuführen. Aber das ist eben das Übel, daß jeder seinen Weg für den rechten hält. – Wenn Du einstimmen könntest in meinen innigsten Wunsch, dann, Wilhelmine, dann will ich Dir zeigen, welch ein Glück uns bevorsteht, an das kein anderes reicht. Dann erwarte einen froheren Brief von mir – Wenn ein solcher Schritt *wirklich* Dein Glück begründen könnte, so wird auch Dein Vater nichts dagegen einwenden. – Antworte mir bald. Mein Plan ist, den Winter noch in dieser traurigen Stadt[1] zuzubringen, dann auf das Frühjahr nach der Schweiz zu reisen, und mir ein Örtchen auszusuchen, wo es Dir und mir und unsern Kindern einst wohlgefallen könnte. – Ich muß diesen Brief auf die Post tragen, denn mit Sehnsucht sehe ich Deiner Antwort entgegen. H. K.

1 *in dieser traurigen Stadt*: Paris

# Zur *Marquise von O...*

## M 1 Michel de Montaigne Anekdote aus dem *Essai über die Trunksucht*

Das Motiv der unwissentlichen Empfängnis in einer Ohnmacht oder im Schlaf ist in der Literatur bekannt. Wahrscheinlich wurde Kleist durch Montaignes *Essai* (2. Buch, 2. Kapitel in der Ausgabe von 1588) angeregt.

Eine in der Gegend von Bordeaux, bei Castres, lebende Bauersfrau, eine Witwe von untadeligem Ruf, sagte, als sie erste Anzeichen einer Schwangerschaft bemerkte, zu ihren Nachbarinnen, dass sie sich guter Hoffnung fühlen würde, wenn sie einen Mann hätte; als aber von Tag zu Tag der Anlass für diesen Verdacht größer wurde und schließlich offensichtlich war, entschloss sie sich, von der Kanzel ihrer Kirche herab verkündigen zu lassen, sie wolle demjenigen, der die Tat eingestehe, verzeihen und ihn, wenn er's gut fände, heiraten; ein junger Knecht ihres Hofes, ermutigt durch diese Bekanntmachung, erklärte, er habe sie an einem Festtage nach dem reichlichen Genuss von Wein in der Nähe ihres Herdes so tief eingeschlafen und in so indezenter Haltung gefunden, dass er die Gelegenheit nutzen konnte, ohne sie aufzuwecken: Sie leben noch heute als Ehepaar zusammen.

Zitiert nach Müller-Salget, S. 771.

***Arbeitsanregungen***

1 *Stellen Sie in übersichtlicher Form zusammen, in welchen Punkten Kleists Erzählung und Montaignes Anekdote übereinstimmen, in welchen sie sich unterscheiden.*
2 *Welche neuen Aspekte gewinnt Kleists Text durch die Veränderung der Vorlage?*

## M 2 Jean-Jacques Rousseau *Julie ou la nouvelle Héloise*

Das Vorbild für die erotisch aufgeladene Versöhnungsszene zwischen Vater und Tochter findet sich in Rousseaus 1761 erschienenem Briefroman *Julie oder die neue Héloise*, I. Teil, 63. Brief: Julie liebt verbotenerweise ihren Hauslehrer. Als ihr Vater ihn aus dem Haus entfernen will, gerät er mit Mutter und Tochter in einen heftigen, tätlichen Streit. Julie stürzt und verletzt sich. Der Vater entschuldigt sich bei der Mutter. Nach dem in schamvollem Schweigen verbrachten Abendessen zieht er die Tochter auf seine Knie. Die Versöhnung zwischen Vater und Tochter beschreibt Julie in einem Brief an ihre Freundin.

Das alles geschah stillschweigend; [...] eine gewisse Verwirrung, die wir uns nicht zu überwinden getrauten, erweckte zwischen Vater und Tochter jene reizende Verlegenheit, die bei Verliebten aus Scham und Zuneigung entsteht, während eine zärtliche Mutter, vor Freuden entzückt, ein so süßes Schauspiel insgeheim mit den Augen verschlang. Ich tat, als würde ich fallen; um mich zu halten, warf ich den einen Arm um meines Vaters Hals, neigte zu seinem ehrwürdigen Gesichte das meinige und im Augenblicke ward es mit meinen Küssen bedeckt und von meinen Tränen überschwemmt. Aus denen, die ihm aus den Augen strömten, sah ich, dass er selbst von einer großen Pein erlöst war; auch meine Mutter kam, um unser Entzücken zu teilen.

Zitiert nach Müller-Salget, S. 798.

Kleists „Liebesszene" galt den Zeitgenossen als höchst anstößig. Neuere Interpretationen heben die inzestuösen Aspekte der Aussöhnung hervor (vgl. M 8, S. 90). Im Arrangement der Figuren – die Tochter auf dem Schoß des Vaters in seinen Armen – erinnert sie an die Pietà, die Darstellung der trauernden Maria mit ihrem toten Sohn im Schoß, erscheint als deren Umkehrung.

***Arbeitsanregungen***

1 *Stellen Sie in übersichtlicher Form zusammen, in welchen Punkten Kleists Erzählung und Rousseaus Text übereinstimmen, in welchen sie sich unterscheiden.*
2 *Was bewirkt Kleists Veränderung der Vorlage?*
3 *Diskutieren Sie, ob Sie sich der zeitgenössischen Bewertung der Szene (vgl. M 3) oder neueren Interpretationen (vgl. M 8) anschließen können.*

## M 3 Karl August Böttiger Zeitgenössische Rezension

Am 4. 3. 1808 veröffentlichte die Zeitschrift „Der Freimüthige" eine anonyme Rezension der eben erschienenen Erzählung. Sie stammt von Karl August Böttiger und gibt die verbreitete negative Reaktion auf die als skandalös empfundene Erzählung wieder.

Die erwähnte Erzählung nun [...] führt die Überschrift: *Die Marquise von O...* Nur die Fabel derselben angeben heißt schon, sie aus den gesitteten Zirkeln verbannen. Die Marquise ist schwanger geworden und weiß nicht, wie und von wem. Ist dies ein Sujet, das in einem Journale für die Kunst eine Stelle verdient? Und welche Details erfordert es, die keuschen Ohren durchaus widrig klingen müssen. Doch [...] wollten wir mit ihm deshalb nicht rechten, wenn jene Erzählung nur an und für sich unterhaltend oder in einem vorzüglichen Stile geschrieben wäre. Beides vermissen wir jedoch ganz. Schon nach den ersten Seiten errät man den Schluss des Ganzen und die Menschen darin benehmen sich alle so inkonsequent, albern, selbst moralisch unmoralisch, dass für keinen Charakter irgendein Interesse gewonnen werden kann. [...] Was jedoch den Stil betrifft, so ist dieser zu undeutsch, steif, verschroben und wieder zu gemein, um nicht unwillig darüber einige Proben zu geben. Welcher Teutsche sagt, wie hier: *Auf Knieen* jemand bitten, – *herabschluchzen* [!] – ob ihm die heftige Erschütterung nicht doch, in welche sie ihn versetzt hatte, gefährlich sein könne – *abschlüpfen.* – Doch diese: denn nicht nur, fuhr sie fort – darauf er: sein Gewissen, spricht er, lasse – den Sinn eines Papiers wiederkäuen usw. Der erzählende Ton ist besonders schön. So kommt Seite 8 die Wendung „er sagt, *daß* er" usw. in einem

Punkte 13 Mal und überhaupt auf einer Seite diese Konstruktion mit *daß* 30 Mal, richtig gezählt, vor. – Doch genug; nur noch ein paar vortreffliche Stellen. Seite 27 [39] wird von dem alten Kommandanten, einem tapfern Krieger und beinahe zu hartem Manne, welcher ein seiner Tochter angetanes Unrecht in ihrer Gegenwart bereuet, gesagt: „er beugte sich ganz krumm, und heulte, daß die Wände erschallten; – er gebährdete sich ganz konvulsivisch –“ Das Benehmen der Mutter an dieser Stelle ist besonders zart. – Zum Schlusse jedoch noch Seite 28 die Art, wie die Mutter dann, als sie zurückkehrt, den versöhnten Vater bei der Tochter findet.

[Im Folgenden zitiert der Verfasser den Text, S. 40, Z. 12–26.]

Darf so etwas in einer Zeitschrift vorkommen, die sich *Goethes* besondern Schutzes, ankündigungsgemäß, zu erfreuen hat, so muss entweder der Herausgeber mit uns scherzen wollen oder dieser – oder Goethe – Brechen wir ab.

Zitiert nach: Doering, S. 55 ff.

***Arbeitsanregungen***

1 *Stellen Sie knapp und übersichtlich die Einwände des Rezensenten zusammen.*
2 *Was kritisiert er an Kleists Stil? Teilen Sie seine Ansicht?*
3 *Charakterisieren Sie Kleists Sprache anhand der von Böttiger angeführten Zitate und weiteren, von Ihnen gewählten Beispielen. Wie schätzen Sie die Besonderheit und die Wirkung von Kleists Sprachstils ein?*

## M 4 Heinrich von Kleist *Epigramm*

Auf die Ablehnung seiner *Marquise von O…* (und anderer Werke) hat Kleist öffentlich reagiert. In scharfen, bisweilen ironisch-sarkastischen Epigrammen verteidigt er sie gegen unangemessene Kritik, insbesondere die Böttigers (M 3). Das erste von sechs auf die *Marquise* bezogenen Epigrammen lautet:

Die Marquise von O…
Dieser Roman ist nicht für dich, meine Tochter. In Ohnmacht!
Schamlose Posse! Sie hielt, weiß ich, die Augen bloß zu.

Als „ironisch-parodistisches Parallelkonstrukt“ (Pickerodt), ein „humoristisches Gegen-“ bzw. „komödiantisches Seitenstück“ (Müller-Salget), kann auch Kleists *Sonderbare Geschichte, die sich, zu meiner Zeit, in Italien zutrug* (1811) gelesen werden. Vgl. Unterrichtskommentar.

***Arbeitsanregung***

*Diskutieren Sie Kleists Epigramm im Hinblick auf die Reaktion der Zeitgenossen sowie auf Politzers Interpretation (M 8).*

# Zum *Erdbeben in Chili*

## M 5 Umdichtung

Aus welchen Quellen Kleist seine Kenntnisse über Chile und das Erdbeben in Santiago von 1647 bezog, ist bisher nicht bekannt. Alle ihm zugänglichen Darstellungen stützen sich aber auf den Augenzeugenbericht des Bischofs von Santiago (erschienen 1656/57, in zweiter Auflage 1738). „Viel wichtiger […] dürfte für Kleist die […] Debatte gewesen sein, die durch das verheerende Erdbeben von Lissabon […] 1755 ausgelöst worden war. Den Theologen wie den Philosophen stellte sich das Problem der Theodizee (der Rechtfertigung Gottes gegenüber dem Übel in der Welt)." […] Hinzu trat die Erfahrung der Französischen Revolution, die von den Zeitgenossen immer wieder metaphorisch einer Naturkatastrophe gleichgesetzt worden ist. (Müller-Salget, S. 804 f.)
Die zeitgenössischen Reaktionen auf das *Erdbeben in Chili* fallen – mit Einschränkungen – positiv aus: „Sie versetzt den Leser in die neue – und in eine neue Welt, spannt die Aufmerksamkeit aufs Höchste, befriedigt sie aber zuletzt nur zur Hälfte." (Vossische Zeitung, 1810) „Im katholischen Wien verbot die Zensur den ersten Band der *Erzählungen* (1812 auch den zweiten) mit der Begründung, ‚dass deren Gehalt, wenn auch nicht ohne Wert, doch die unmoralischen Stellen nicht vergessen machen können, welche besonders in der Erzählung *Das Erdbeben von Chili* vorkommen, deren Ausgang im höchsten Grade gefährlich sei'." (Müller-Salget, S. 808)
Im 19. Jahrhundert erschien eine Reihe von „Nach"- bzw. „Umdichtungen" des *Erdbebens*, die Kleists Erzählung nachdrücklich verändern. 1843 wurde in den „Monats-Rosen", einer „Zeitschrift für Belehrung und Unterhaltung", eine solche Umdichtung publiziert. Sie übernimmt wörtlich Kleists Erdbeben-Text der Buchausgabe von 1810 (vgl. S. 45, Anm. 1), bricht aber vor Beginn der Predigt in der Dominikanerkirche ab und fügt unmittelbar folgenden Schluss an:

Nach dem Gottesdienste kehrte unsere Gesellschaft unter vertraulichen Gesprächen wieder zu den Ihrigen zurück. Am folgenden Tage eröffneten Jeronimo und Josephe der Gesellschaft den Entschluss ihrer Abreise nach La Conception, um von da aus sich nach Spanien einzuschiffen, wo Jeronimos mütterliche Verwandten wohnten. Allgemeine Trauer verursachte dieser Entschluss in den Gemütern der übrigen vertrauten Gesellschaftsgenossen.

Rührend war am folgenden Tage der Abschied und unsere beiden früher Verurteilten beschleunigten ihre Abreise umso mehr, als sie beim letzten Gottesdienste erkannt und aufgegriffen worden wären, wenn nicht Don Fernando Ormez, Sohn des Kommandanten der Stadt, durch seine Vermittlung und durch sein Ansehen sie gerettet hätte.

Nach einigen Jahren unternahm Don Fernando Ormez eine Geschäftsreise nach Spanien und erforschte bei dieser Gelegenheit den Aufenthalt der beiden Verbannten. Doch wie freute er sich, als er von diesen selbst vernahm, dass bei ihrer Ankunft in Spanien Jeronimo durch den kurz vorher erfolgten Tod seiner noch einzigen Verwandten, der Schwester seiner Mutter, als der einzige Erbe eines sehr beträchtlichen Vermögens an Geld und liegenden Gütern eingesetzt wurde. Don Fernando musste auf ihr dringendes Bitten einige Zeit bei ihnen verweilen und Zeuge ihres Glückes sein. Als einmal in seiner Gegenwart beide Eheleute, mit Dankgefühl gegen Gott in ihrem Wohlstande, beieinandersaßen, da ergriff Jeronimo Josephens Hand und sagte: Wahrlich, die Überzeugung, dass begangene Fehler nicht bloß hier unserm Gewissen, sondern selbst jenseits dem entkörperten Geiste die Ruhe raubt, soll uns nicht allein vom Bösen abschrecken, sondern wir wollen auch durch Lehre und Beispiel unsere Kinder davon abhalten.

Beide Eheleute gelobten sich dieses und Gott schenkte ihrer guten Absicht Gedeihen. Ihre Kinder und Enkel waren gute, fromme und edle Menschen und ihr Geschlecht blüht noch in Segen bis auf den heutigen Tag.

Zitiert nach Appelt/Grathoff, S. 118 f.

***Arbeitsanregungen***

*1 Beschreiben Sie, welche Abwandlungen die „Umdichtung" vornimmt.*

*2 Erörtern Sie, wie sich auf diese Weise Kleists Erzählung und ihre Wirkung verändert. Welche Absicht lässt sich erkennen? Welche Gründe könnten eine Rolle gespielt haben?*

*3 Wie beurteilen Sie diese Umdichtung? Sehen Sie eine Notwendigkeit, die Erzählung oder ihren Schluss zu verändern, z. B. zu verkürzen?*

*4 Versuchen Sie, einen neuen Schluss zu schreiben, oder begründen Sie, warum das Ihrer Meinung nach nicht nötig oder nicht möglich ist.*

## Strukturmerkmale epischer Kleinformen

### M 6 Anekdote

Es handelt sich um eine epische Kleinform, die, witzig und geistreich formuliert, eine wahre oder zumindest glaubhafte Begebenheit erzählt. Die Anekdote steht somit zwischen Faktizität und Fiktion und erlaubt insofern ein Spiel mit diesen Ebenen. Dass die Anekdote von einer „bekannten Person" berichte, gilt für Kleist indessen gerade nicht.

Ursprünglich innerhalb von Gesprächen mündlich vorgetragen, hat sich die Anekdote im 18. Jahrhundert zu einer eigenen Erzählform entwickelt, die auf engem Raum Charakterbilder entwirft, welche geeignet erscheinen, menschliche Verhaltensweisen, geschichtliche Situationen oder soziale Gruppierungen zu illustrieren. Vor Kleist hat sich insbesondere Johann Peter Hebel als Autor dieser Form hervorgetan.

### M 7 Novelle

Der Name leitet sich her von ital: „novella" und bedeutet so viel wie „kleine Neuigkeit". Literarisch handelt es sich um eine Prosa- (selten Vers-)Erzählung geringeren oder mittleren Umfangs, wodurch sich die Novelle von den großen Formen wie Epos und Roman unterscheidet. Die Novelle spitzt das Handlungsgeschehen häufig auf einen Wendepunkt zu, sodass sich eine gewisse Verwandtschaft mit dem Drama ergibt.

Goethe charakterisierte die Novelle als „eine sich ereignete unerhörte Begebenheit", womit er nicht nur den Charakter des Neuen hervorhob, sondern zugleich auch den des Außergewöhnlichen, Überraschenden. Nicht selten weist die Novelle ein sprachliches Leitmotiv oder ein dominantes Ding-Symbol (Paul Heyse) auf. Als ein solches gilt insbesondere der Falke aus einer Novelle des italienischen Autors Boccaccio (1313–1375). Sein *Decameron* (um 1350), eine durch eine Rahmenhandlung verbundene Sammlung von hundert im Verlauf von zehn (griech. „deka": zehn) Tagen erzählten Geschichten („Geschichten, Fabeln, Parabeln oder wirkliche Begebenheiten, wie wir sie nennen wollen"), ist das Vorbild für die europäische Novellen-Dichtung. Im Gefolge Boccaccios dominieren zunächst zyklische Sammlungen. Später tritt, wie bei Kleist, die einzelne Novelle in den Vordergrund, wenngleich auch der Zyklus lebendig bleibt, so bei Goethe (*Unterhaltungen deutscher Ausgewanderten*, 1795) oder Keller (*Die Leute von Seldwyla*, darunter *Romeo und Julia auf dem Dorfe* und *Kleider machen Leute*, 1853–1875).

Heyse rät in seiner Einleitung des *Deutschen Novellenschatzes* (1871) den Erzählern, sich „auch bei dem innerlichsten oder reichsten Stoff" zuerst zu fragen, „wo der ‚Falke' sei, das Spezifikum, das die Geschichte von tausend anderen unterscheidet".

Den Inhalt seiner *Falkennovelle* (der 9. Novelle des 5. Tages) fasst Boccaccio zu Beginn folgendermaßen zusammen:

„Federigo degli Alberighi liebt, ohne Gegenliebe zu finden, und verzehrt in ritterlichem Aufwand sein ganzes Vermögen, sodass ihm nur ein einziger Falke bleibt. Den setzt er, da er nichts anderes hat, seiner Dame, die ihn zu besuchen kommt, zum Essen vor. Sie aber ändert, als sie dies vernommen, ihre Gesinnung, nimmt ihn zum Manne und macht ihn reich."

***Arbeitsanregungen***

1 *Stellen Sie in übersichtlicher Form die Strukturmerkmale der Anekdote und der Novelle zusammen.*

2 *Legen Sie dar, worin Sie in der* Marquise von O… *und im* Erdbeben in Chili *den „Falken" bzw. „die sich ereignete unerhörte Begebenheit" sehen?*
*Begründen Sie Ihre Auffassung.*

3 *Entspricht Kleists* Anekdote aus dem letzten preußischen Kriege *der oben formulierten Begriffsbestimmung der Anekdote?*

# Interpretationsansätze

## M 8 Heinz Politzer *Der Fall der Frau Marquise* (1977)

Seit den 1960-er Jahren spielen Erkenntnisse und Terminologie der Freud'schen Psychoanalyse eine gewichtige Rolle in der Kleistforschung: Eine Schwierigkeit ergibt sich daraus, dass die von Kleist verwendeten Begriffe sich denen Freuds nähern, sich aber nicht mit ihnen decken. So ist häufig vom „Bewußtsein" der Marquise die Rede, das „rein" sei (z. B. S. 26, Z. 20 f.; S. 27, Z. 2 ff., Z. 7). Als „Gewissen" verstanden, gehört es zum „Überich" (gesellschaftliche Werte, Normen, dem Menschen durch Erziehung vermittelt und als „Gewissen" internalisiert). Als „Bewusstes" im Gegensatz zum „Unbewussten" („Es") ist das Bewusstsein jedoch auch Teil des „Ichs". Gleichwohl erweist sich Politzers Interpretationsansatz als interessant und produktiv.

[…] Die Handlungen der Marquise sind alles eher denn „korrekt"[1]. Die Anzeige, welche die junge Witwe in die Zeitung einrücken lässt, stellt – und sie ist sich dessen voll bewusst – eine tragische Herausforderung der Gesellschaft dar und ist danach angetan, „den Spott der Welt" zu reizen. In ihr Unbewusstes, ihr Es, hat sie abgedrängt, wovon ihr Überich nichts wissen soll und darf: die Identität des Mannes, der ihres Kindes Vater ist. Sie kommt der Erkenntnis dieses Tatbestandes aufs Unwillkürlichste nahe, wenn sie dem Grafen bei seiner zweiten vergeblichen Werbung, die beinahe in ein Handgemenge ausartet, die Worte ins Gesicht schleudert: „Ich *will nichts* wissen."

[…] Die Marquise ist krank: Sie leidet an einer Hypertrophie"[2] ihres Überichs. Dass ihr Verhältnis zu den Eltern, zumal zu ihrem Vater, gelinde gesagt, gefährdet ist, zeigt ihr Verhalten der „wahren Begebenheit" gegenüber. Sie ist die Tochter des Kommandanten und handelt als solche. Dabei lässt sich dieser ebenso von seinem Überich leiten wie die ihm gefügige Marquise von dem ihren. Mit anderen Worten: Der Vater ist von der Hellhörigkeit der Eifersucht besessen, wenn der Besitz der Tochter auf dem Spiel steht. „Ich muß mich diesem Russen (!) schon zum zweitenmal ergehen!", ruft er, der den Fall seiner Festung noch lange nicht verwunden hat, aus.

[…] Als die Schwangerschaft der Tochter unverkennbar zu Tage getreten ist, wendet er der Gefallenen schweigend den Rücken; als sie ihm auf sein Zimmer folgt und um Verzeihung bittet, reißt er eine Waffe von der Wand, so als läge das Ende der *Emilia Galotti* aufgeschlagen auf seinem Pult, und feuert eine Kugel in die Decke (Versehen oder Absicht *seines* Unbewussten?).

[…] Als ihn aber dann die Obristin von der Unschuld, besser: dem Nichtwissen, der Marquise zu überzeugen vermocht hat, bricht er jählings zusammen. Die „zerstörende Heftigkeit" von vordem löst sich in eine ebenso berserkerhafte Reue und Rührseligkeit auf. […]

Wenn es eine unerhörte Begebenheit in dieser sprachlich unerhörten Erzählung gibt, dann ist es diese. [Die Versöhnung zwischen Vater und Tochter, vgl. S. 40, Z. 8 ff.]

1 *korrekt:* nach Freud: „gleichzeitig den Anforderungen des Es, des Überichs und der Realität" genügend

2 *Hypertrophie:* Vergrößerung, Übersteigerung

[D]ie sublime Schamlosigkeit der Szene ist ohne Vorbild, und selbst in [Kleists] Werk ohne ihresgleichen. […] Es ist sowohl für das gesellschaftliche Bewusstsein wie für die psychologische Typologie Kleists bezeichnend, dass er die Umarmung, die seine Erzählung in Bewegung versetzt, in einem Gedankenstrich verschweigt; hier aber, in dem Bild der Vereinigung des Vaters mit der Tochter, die ein Geringerer, weniger Wissender als er, tabuisiert hätte, Detail an erotisches Detail fügt. Was dort von Zensur ins Unsagbare abgeschoben worden war, bricht hier mit nackter Leidenschaftlichkeit aus. Die „Lust" dieses Vaters ist nicht, wie der Dichter behauptet, „unsäglich", sondern wird mit pastoser[1] Drastik nachgezeichnet und auseinandergelegt, so als wäre sie standesgemäß und gesellschaftsfähig. Das Überich der Marquise gewährt ihr in den Armen des Vaters [manche Interpreten sprechen von „Inzest"], was es ihr in der Umarmung des Mannes[2] untersagt hatte: Hingabe, Bewusstsein und Genuss. Hier hat Kleist seine Marquise als Frau erkannt und dargestellt. In der Infrastruktur der Erzählung kommt dieser „Versöhnung" axiale Bedeutung zu: Sie verbindet den unheilschwangeren Beginn mit der Lösung an ihrem Ausgang.

In der Versöhnung mit der Tochter erhält auch das dezimierte Ichgefühl des Obersten eine Art von Genugtuung. Er hat den Mann, der seine Tochter zu Fall gebracht hatte, in den Schatten seiner väterlichen Autorität gestellt. […]

Aber noch bleibt ihm ein letzter Trumpf in der Hand: Er legt dem Grafen, hinter dem Rücken der Marquise, „einen Heiratskontrakt vor, in welchem dieser auf alle Rechte eines Gemahls Verzicht tat …" […] Erst als die Marquise, das Bett hütend wie nach ihrem Fall, den Kontrakt [„mehrere Male"] gelesen hat, […] willigt sie in eine *mariage de convenance*[3] ein, die für den Grafen keine Ehe bedeutet, sondern eine bedingungslose Kapitulation.

Politzer, S. 55–96

***Arbeitsanregungen***

1 *Setzen Sie sich mit Politzers These auseinander, dass die Marquise an einer „Hypertrophie ihres Überichs" leidet und als „Tochter der Kommandanten" handelt.*

2 *Vergleichen Sie diese These mit der eines anderen Interpreten: „Kleists Ziel war es, die* Geschichte einer weiblichen Emanzipation *zu erzählen." Die Erfahrung, „zum selbständigen Handeln befähigt" zu sein, führe sie zum „Bewusstsein der Selbständigkeit", zu einer mutigen Aktion (Schmidt, S. 202 f.). Stellen Sie Textbelege zusammen, die diese These bestätigen könnten. Worin besteht die „mutige Aktion"?*

3 *Legen Sie dar und begründen Sie, welcher der beiden Thesen Sie zuneigen.*

4 *Welche Funktion in der Erzählstruktur schreibt Politzer der Versöhnungsszene zu? Gibt es nach Ihrer Auffassung weitere Momente in der Erzählung, denen man diese Bedeutung beimessen könnte? Halten Sie diese Szene, wie es manche Interpreten tun, für den „Wendepunkt" der Erzählung?*

1 *pastos:* dick aufgetragen
2 *des Mannes:* hier: des Grafen
3 *mariage de convenance* (frz.): Vernunftehe

## M9 Helmut J. Schneider *Der Zusammensturz des Allgemeinen* (1985)

[...] *Das Erdbeben in Chili*[1] ist die Geschichte dreier historischer Ereignisse, denen drei grob unterscheidbare Strukturebenen entsprechen. Der stoffliche Bezugspunkt ist das Erdbeben von Santiago de Chile am 13. Mai 1647 [...]. Dem zeitgenössischen Leser musste sie die Lissaboner Katastrophe von 1755 wachrufen [...]. Seine langanhaltende Wirkung hatte das Ereignis durch ein berühmtes Gedicht Voltaires erhalten, das den optimistischen Glauben [...] an eine stetige, gerechte und gütige Weltordnung angriff. [...]

Wenig bedacht worden ist [...] ein möglicher Bezug der dargestellten Katastrophe zur Französischen Revolution. Für ihn gibt es auch kaum einen direkten gegenständlichen Hinweis. Umso wichtiger erscheint mir die innere Übereinstimmung. Sie besteht im Zusammenfall von Zerstörung und Neubeginn und dem Bewusstseinsschock der ruckartigen Zeitbeschleunigung, die das Erleben der Ereignisse von 1789 und der Jahre danach charakterisierten und seitdem als Charakteristikum der modernen Erfahrung von Geschichte gelten kann. Immer wieder wurde die Revolution als Naturkatastrophe angesprochen, als Sturm, Überschwemmung, Gewitter und als Erdbeben. Nach dem wirklichen Beben ein drittel Jahrhundert vorher markierte sie den zweiten Einbruch in das vom Rationalismus[2] propagierte[3] Kontinuitäts- und Fortschrittsdenken – und dessen Zusammenbruch. Ihr zugleich sprunghafter und rasanter, als zwangsläufig empfundener Verlauf machte Beteiligte wie Zuschauer zum Objekt einer Geschichtsbewegung, die andererseits als Realisierung des mündigen Vernunftanspruchs begriffen wurde.

[...]

Die Gliederung in drei deutlich voneinander abgesetzte Teile spiegelt das triadische[4] Modell wider, das Kleist und den Zeitgenossen vertraut war. Genauer gesagt verkehrt sie es: Statt der Abfolge von Naturzustand, Übergang zur Gesellschaft und dann auf höherer Stufe wiedergewonnener Natur steht hier der Sprung von der außer Kraft gesetzten Gesellschaft in das Naturglück und zurück in deren Wiederformierung. Nicht die Utopie einer mit der Natur versöhnten Zivilisation triumphiert, sondern ihr düster strahlender Widerruf. Die Verkehrung kann man allgemein mit der zeitgenössischen Enttäuschung über den Verlauf der anfangs so enthusiastisch gefeierten Revolution in Analogie bringen. Die Sprengung der bestehenden Staatsgewalt, symbolisiert im Sturm auf die Bastille (Jeronimos zusammenstürzendes Gefängnis), führte nicht zur idealen Naturgesellschaft, sondern zu Chaos und blutiger Anarchie.

Helmut J. Schneider, S. 115 f., S. 118 f.

1 *Chili:* Vgl. dazu die Einführung zu M 5, S. 85.

2 *Rationalismus*: philosophische Richtung, die in der Vernunft bzw. dem Verstand (lat.: „ratio“) die Grundlage aller Erkenntnis sieht

3 *propagieren:* vertreten, verbreiten

4 *triadisch:* dreistufig

***Arbeitsanregungen***

1 *Legen Sie dar, worin nach Schneider die „innere Übereinstimmung“ zwischen der im* Erdbeben in Chili *dargestellten Katastrophe und der Französischen Revolution besteht.*
2 *Stellen Sie in einer Tabelle den drei Stufen des im 18. Jahrhundert verbreiteten triadischen Geschichtsmodells (vgl. auch die Einführung zu M 10) die drei Teile der* Erdbeben-*Erzählung gegenüber.*
3 *Untersuchen Sie, welches Geschichtsmodell in Kleists* Marionetten-*Aufsatz, insbesondere am Schluss, erkennbar ist.*
4 *Diskutieren Sie, wie sich der* Marionetten-*Essay und die* Erdbeben-*Erzählung zueinander verhalten.*

## M 10 Gerhart Pickerodt
## *Mechanik und Organik im Marionettentheater** (1990)

Nach anfänglicher Ablehnung (insbesondere wegen der Aufwertung des verachteten Marionettentheaters gegenüber dem Theater und der schauspielerischen Darstellungskunst) fand Kleists „berühmtester und meistdiskutierter Essay“ im 19. Jahrhundert nur wenig Beachtung, während er Anfang des 20. Jahrhunderts als „Offenbarung seiner Weltanschauung“ bezeichnet wurde. Bis heute gilt er den einen als „Grundtext“ der Kleist'schen Ästhetik und als „Schlüssel zur Interpretation seiner Dichtungen“, während eine neuere Forschungsrichtung die „Ernsthaftigkeit seiner Argumentation“ in Zweifel zieht. Sie nimmt an, Kleist gehe es eigentlich um die Ironisierung und Zerstörung des zu seiner Zeit verbreiteten dreistufigen geschichtsphilosophischen Modells: Verlust des Paradieses – Entfremdung und Selbstentfremdung in der Gegenwart – Rückgewinnung des Paradieses, und verweist auf die Erzählung *Das Erdbeben in Chili.* Der Behauptung, in den technischen Details der Marionettenbeschreibung gebe es Unstimmigkeiten, hat ein Marionettist eindeutig widersprochen: Die Darlegungen in der Erzählung träfen zu und seien in sich stimmig. (Vgl. Müller-Salget, DKV, S. 1137 ff.)

[…] Die Gegenbildlichkeit der Marionette zum Tänzer und ihr schönheitstheoretischer Sinn lassen sich nur fassen, wenn man den ausschließlich auf dem Gravitationsgesetz gründenden Mechanismus der Marionette […] als Anwendung physikalischer Naturgesetzlichkeit begreift. Der „mechanische Gliedermann“ weiß nichts von seiner Existenz als physikalisches Konstrukt, seine künstlich-mechanisch erzeugten Bewegungen folgen ausschließlich dem Widerspiel von Gravitation und antigraver Gegenkraft[1] und entsprechen gerade deswegen den gleichfalls an Natur gebundenen Schönheitsbegriffen, weil ihnen nichts Bewusstes und Willkürliches anhaftet. Diese Schönheit ist jedoch für den Menschen verloren, weil […] der vom Baum der Erkenntnis gegessen hat und seiner Abhängigkeit vom Gravitationsgesetz bewusst geworden ist […]. Sein unglückliches Bewusstsein, dass sein Körper Materie ist und seine Kunst nicht im Stande, die Gravitation aufzuheben, lässt seine Bewegungen als „unnatürliche Ziererei“ erscheinen. Die Spaltung von Natur und Be-

1 *Gravitationsgesetz […] antigraver Gegenkraft:* Vgl. S. 68. Z. 6 ff. und Anm. 3.

wusstsein in der Moderne ist im Sinne Kleists nicht nur irreversibel[1] und betrifft alle Lebensbereiche, sie greift darüber hinaus auch das Schönheitsideal aller derjenigen Künste an, [...] die es mit der Natur des Menschen zu tun haben [...].

[F]ür die Moderne [gibt es] kein Zurück ins Paradies der Bewusstlosigkeit, sondern nur den Weg des auszuhaltenden Widerspruchs, bis am Ende dieses Weges durch die Geschichte, wenn das Bewusstsein sich gleichsam potenziert hat und ein „unendliches" geworden ist, nachdem der Mensch noch einmal vom Baum der Erkenntnis gegessen hat, die Pforten des Paradieses sich für ihn wieder öffnen. Dann aber ist jenes Wesen weder bewusstlose Maschine noch an der Spaltung von Natur und Bewusstsein leidender Mensch, sondern ein Gott.

[...]

[D]as Marionettentheater [wird] von einem Tänzer beschrieben, der anhand des Gegenbildes der Marionette die eigene Problematik entwickelt. Er, der lebendige Körperkünstler, darf als Reflexionsmedium Kleist'scher Kunsterfahrungen und als Prototyp[2] nachklassischer Ästhetik verstanden werden, dem Schillers Idee einer Harmonie von Sinnlichem und Sittlichem in der Grazie einer „schönen Seele" nur noch [...] in ihrem Abglanz als Grazie des Marionetten-Mechanismus ins Bewusstsein tritt.

Kleists Tänzer des „Marionettentheater"-Aufsatzes hat ein Bewusstsein von der Gravitation, der sein Körper unterliegt, er leidet an diesem Bewusstsein und erscheint zerrissen eben aufgrund der Übereinstimmung von Bewusstseinsinhalt und physikalischem Tatbestand. „[...] das Wissen macht uns weder besser, noch glücklicher", schreibt Kleist bereits im Juli 1801 aus Paris, und zur Zeit des „Marionettentheater"-Aufsatzes, im Herbst 1810, lässt sich zuspitzend ergänzen, dass es unglücklich macht, wenn es sich auf die eigene Natur bezieht. [...] Umgekehrt sind es aber auch die Körper, die leiden, weil sie an ein Bewusstsein gebunden sind, von dem sie sich nur um den Preis des Todes zu befreien vermögen. [...]

Als er sich, ein knappes Jahr nach der Publikation des Aufsatzes, erschießt, geschieht es in dem Bewusstsein, dass ihm „auf Erden nicht zu helfen war" (Brief an Ulrike vom 21. 11. 1811, Kleists Todestag).

Pickerodt, S. 157–168

***Arbeitsanregungen***

1 *Vergegenwärtigen Sie sich Inhalt und gedankliche Struktur des Textes anhand der von Ihnen angefertigten Zusammenfassungen und Überschriften zu jedem seiner vier Teile (vgl. S. 63, Anm. 1).*

2 *Stellen Sie fest, worin die „Gegenbildlichkeit" (S. 92, Z. 1) der Marionette zum Tänzer besteht (Z. 12 ff.).*

1 *irreversibel:* unumkehrbar

2 *Prototyp:* Urbild

3 *Inwiefern entsprechen die Bewegungen des „mechanischen Gliedermann[es]“ (S. 68, Z. 17.) den „an Natur gebundenen Schönheitsbegriffen“? Warum ist diese Schönheit für den Menschen verloren? An welchem Beispiel entwickelt Kleist diesen Gedanken?*
4 *Worin besteht das „unglückliche Bewusstsein“ (S. 92, Z. 11; S. 93, Z. 19ff.) des Tänzers und der Weg des „auszuhaltenden Widerspruchs“ (S. 93, Z. 5) des Menschen?*
5 *Was bedeutet „unendliches Bewusstsein“? Vgl. Sie dazu S. 93, Z. 7; vgl. auch S. 71, Z. 20 und Anm. 3, 5.*
6 *Inwiefern darf der Tänzer als „Prototyp nachklassischer Ästhetik“ verstanden werden? – Vgl. Sie dazu als ein Beispiel „klassischer“ Ästhetik: „In einer schönen Seele ist es […], wo Sinnlichkeit und Vernunft, Pflicht und Neigung harmonieren, und Grazie [Anmut] ist ihr Ausdruck in der Erscheinung.“ (Schiller, Über Anmut und Würde, 1793)*
7 *Sehen Sie einen Zusammenhang zwischen Kleists Worten, die er am 21. 11. 1811 („am Morgen meines Todes“) an seine Schwester Ulrike schrieb („Die Wahrheit ist, daß mir auf Erden nicht zu helfen war.“), und den Problemen, mit denen er sich in seinem Essay* Über das Marionettentheater *beschäftigt? Versuchen Sie ihn zu beschreiben. Beziehen Sie Ihre Ergebnisse zu Arbeitsanregung 4 ein.*

## M 11 Ulrich Johannes Beil *Kleists Marionetten als Androiden** (2006)

Beils Aufsatz zum Marionettentheater schlägt einen Bogen von der klassisch-idealistischen Ästhetik (insbesondere Schillers) bis zur Moderne der Computer-Animationen und nimmt Kleists Text als vorausweisenden Ausgangspunkt dieser Moderne in Anspruch. Beils Ansatz ist einer der wenigen, die Kleist nicht primär rückwärts, als Dokument des Verlusts klassischer Einheit, sondern vorwärts hin zur Gegenwart interpretieren. Die Kleist-Forschung betrachtet ihn insofern als interessanten Impuls.

[…] Die Ästhetik[1] der Androiden oder virtuellen[2] Kreaturen, die hierbei zum Vorschein kommt, ist die Ästhetik jener Wesen, die die Grazie nicht verlieren *können,* weil ihnen die Crux[3] des Bewusstseins fehlt. Von Androiden zu sprechen, hat die Forschung bislang kaum gewagt. […]

Und doch liegt nichts näher als die Vorstellung des maschinellen oder virtuellen Androiden: Aus Kleists Marionetten soll ja „auch dieser letzte Bruch von Geist“, also das regierende Bewusstsein des Maschinisten, eliminiert, ihr „Tanz“ soll „gänzlich ins Reich mechanischer Kräfte“ transponiert werden […]. Von daher wäre es gar nicht so abwegig, jene „Unglücklichen“ mit „mechanischen Beinen“, deren Bewe-

1 *Ästhetik:* Lehre von Wesen und Erscheinungsformen der Schönheit; Theorie der sinnlichen Wahrnehmung
2 *virtuell:* der Möglichkeit nach vorhanden, nicht wirklich existierend, von einem Computer simuliert
3 *Crux* (lat.): „Kreuz“: Problem

gungen sich in erstaunlicher „Ruhe, Leichtigkeit und Anmut" vollziehen, mit dem Begriff des *Cyborgs* zu charakterisieren. [...]

Man könnte Kleists Marionette aber auch [...] mit jenen 3-D-Computeranimationen in Verbindung bringen, in denen ein Skelett aus einer hierarchischen[1] Kombination kinematischer Ketten[2] konstruiert wird. „Die naturgemäße Mechanik des Gliedermannes bei Kleist nimmt [...] in der Beschreibung, wie deren Glieder funktionieren, die Prinzipien vorweg, die jetzt unter der Bezeichnung ‚inverse Kinematik'[3] das Gliederspiel der virtuellen Körper berechnen und steuern".

Gerade indem er Motive der idealistischen Ästhetik verfremdet, gegen den Strich liest, parodiert oder radikalisiert, gelingt es Kleist, ihre Grenzen in Richtung Moderne und Avantgarde[4] zu überschreiten. [...]

Der Text scheint uns [...] den Blick auf imaginäre[5] Obsessionen[6] der Moderne ermöglichen zu wollen, ohne ihnen seinerseits im Sinne einer Apologie[7] zu verfallen: die Obsession des perfekten Maschinenmenschen, die, vorbereitet durch Romantik und Futurismus[8], durch die Hollywoodproduktionen der vergangenen Jahrzehnte flimmert; die Obsession der Tierwerdung des Menschen, wie wir sie von Kafka und der Science-Fiction-Literatur kennen; und schließlich die Obsession eines hypertechnokratisch gesteuerten Paradieses, das nur nach einer erneuten Kostprobe vom Baum der Erkenntnis seine Tore öffnet.

Beil, S. 75–99

### *Arbeitsanregungen*

1 *Definieren Sie kurz und prägnant die Begriffe „Androide" und „Cyborg".*

2 *Listen Sie Argumente auf, die Beil zur Begründung seiner These anführt, Kleists Marionetten legten die Vorstellung von „maschinellen oder virtuellen Androiden" nahe.*

3 *Erscheint Ihnen seine Verwendung der Begriffe „Androide", „Cyborg", „kinematische Ketten", „inverse Kinematik" plausibel?*

4 *Stellen Sie fest, was Beil mit „imaginären Obsessionen der Moderne" meint.*

5 *Diskutieren Sie Ihre Erfahrungen mit 3-D-Computeranimationen und Hollywoodfilmen im Hinblick auf die Überlegungen Beils.*

6 *Halten Sie Beils Blick auf Kleists* Marionettentheater *für überzeugend und hilfreich?*

1 *hierarchisch:* stufenmäßig aufgebaute Ordnung
2 *kinematische Ketten:* System aus starren Gliedern, die durch Gelenke mit unterschiedlichen Freiheitsgraden verbunden sind (Beispiel: der menschliche Arm)
3 *inverse Kinematik:* Das letzte Glied einer kinematischen Kette wird in die gewünschte Position gebracht. Die übrigen Glieder nehmen die passende Lage ein.
4 *Avantgarde:* künstlerische Strömungen, die überlieferte Ausdrucks- und Darstellungsformen sprengen wollten
5 *imaginär:* nur in der Vorstellung bestehend
6 *Obsession:* Zwangsvorstellung, Besessenheit
7 *Apologie:* Verteidigung
8 *Futurismus:* avantgardistische Kunstbewegung, die eine neue Kultur begründen wollte

# BIBLIOGRAFIE


**Werkausgaben**

Heinrich von Kleist: Sämtliche Erzählungen, Anekdoten, Gedichte, Schriften. Hrsg. v. Klaus Müller-Salget. Frankfurt a. M.: Deutscher Klassiker Verlag im Taschenbuch. Band 5. 2005. (Diese Ausgabe entspricht der Edition Heinrich von Kleist, Sämtliche Werke und Briefe in vier Bänden, Band 3, hrsg. v. Klaus Müller-Salget. Frankfurt a. M.: DKV 1990.) (**Müller-Salget**)

Heinrich von Kleist: Sämtliche Werke und Briefe. Zweiter Band. Hrsg. v. Helmut Sembdner. München: Carl Hanser Verlag $^{2}$1952, $^{9}$1993 (**Sembdner**)

**Kommentare**

Appelt, Hedwig/Grathoff, Dirk: Heinrich von Kleist: Das Erdbeben in Chili. Erläuterungen und Dokumente. Stuttgart: Reclam 1986, 2004 (RUB 8175)

Doering, Sabine: Heinrich von Kleist: Die Marquise von O... Erläuterungen und Dokumente. Stuttgart: Reclam 1993, 2004 (RUB 8196)

Müller-Salget, Klaus: In: Sämtliche Erzählungen (DKV)

Sembdner, Helmut: In: Sämtliche Werke und Briefe (Hanser)

**Allgemeine und biografische Literatur**

Grathoff, Dirk: Kleists Geheimnisse. Unbekannte Seiten einer Biografie. Opladen: Westdeutscher Verlag 1993

Müller-Salget, Klaus: Heinrich von Kleist. Stuttgart: Reclam 2002 (RUB 17635)

Wichmann, Thomas: Heinrich von Kleist. Stuttgart: J. B. Metzler 1988 (Sammlung Metzler 240)

Schulz, Gerhard: Kleist. Eine Biografie. München: C. H. Beck 2007

**Zitierte Forschungsliteratur**

Beil, Ulrich Johannes: „Kenosis" der idealistischen Ästhetik. Kleists „Über das Marionettentheater" als Schiller-réécriture. In: Kleist Jahrbuch 2006, S. 75–99

Berthel, Werner (Hrsg.): Heinrich von Kleist: Die Marquise von O... Mit Materialien und Bildern zu dem Film von Eric Rohmer und einem Aufsatz von Heinz Politzer. Frankfurt a. M.: Insel 1979 (it 299)

Hinderer, Walter (Hrsg.): Kleists Erzählungen. Stuttgart: Reclam 1998 (RUB 17505)

Pickerodt, Gerhart: Heinrich von Kleist. Der Widerstreit zwischen Mechanik und Organik in Kunsttheorie und Werkstruktur. In: Hanno Möbius/ Jörg Jochen Berns (Hrsg.): Die Mechanik in den Künsten. Studien zur ästhetischen Bedeutung von Naturwissenschaft und Technologie. Marburg: Jonas 1990, S. 157–168

Politzer, Heinz: Der Fall der Frau Marquise. Beobachtungen zu Kleists „Die Marquise von O..." In: Deutsche Vierteljahresschrift für Literaturwissenschaft und Geistergeschichte 51 (1977), S. 98–128

Schmidt, Jochen: Heinrich von Kleist. Die Dramen und Erzählungen in ihrer Epoche. Darmstadt: Wissenschaftliche Buchgesellschaft 2003

Schneider, Helmut J.: Der Zusammensturz des Allgemeinen. In: David E. Wellberry (Hrsg.): Positionen der Literaturwissenschaft am Beispiel von Kleists „Das Erdbeben in Chili". München: C. H. Beck 1985, S. 110–129